LOUISE HAY

Affirmationen

Die lebensverändernde
Kraft deiner Gedanken

In 21 Tagen Freude, Liebe
und Erfüllung manifestieren

Aus dem Englischen übersetzt
von Sabine Zürn

WILHELM HEYNE VERLAG
MÜNCHEN

Die Originalausgabe erschien 2022 unter dem Titel
21 Days to Unlock the Power of Affirmations bei Hay House, Inc.

FSC® www.fsc.org
MIX
Papier | Fördert gute Waldnutzung
FSC® C014496

Penguin Random House Verlagsgruppe FSC® N001967

8. Auflage
Deutsche Erstausgabe 07/2023

Printed in Germany
Redaktion: Ralf Lay
Umschlaggestaltung: Guter Punkt, München,
unter Verwendung eines Motivs von © katarinochka/istock
Satz: Leingärtner, Nabburg
Druck und Bindung: GGP Media GmbH, Pößneck
ISBN 978-3-453-70456-5

www.heyne.de

Vorbemerkung

Die Forschung hat gezeigt, dass es 21 Tage dauert, bis sich eine neue Verhaltensweise als Routine etabliert. Aus diesem Grund wurden drei Werke Louise Hays in einen kompakten Kurs übertragen, der auf 21 Tage angelegt ist. Er ist speziell darauf ausgerichtet, neue Kompetenzen im Bereich der Affirmationen zu entwickeln.

Dieses Buch basiert auf Louise Hays Bestsellern *Experience Your Good Now* (dt. *Finde deine Lebenskraft*), *I Can Do It!* (dt. *Du kannst es!*) *und You Can Heal Your Life* (dt. *Gesundheit für Körper und Seele*).

Hinweis der Autorin

Für die folgenden schriftlichen Übungen empfehle ich Ihnen, einen Schreibblock oder ein Notizbuch und einen Stift bereitzulegen.

Inhalt

Vorwort

Willkommen in der Welt der Affirmationen! Indem Sie vorhaben, die Techniken aus diesem Buch anzuwenden, haben Sie die bewusste Entscheidung getroffen, Ihr Leben zu heilen und auf dem Weg der positiven Veränderung weiterzukommen … und die Zeit für diese positive Veränderung ist genau jetzt! Es gibt keinen besseren Zeitpunkt als die Gegenwart, um Ihr Denken neu auszurichten. Verändern auch Sie Ihr Leben zum Besseren, indem Sie meine Anregungen und Hinweise in diesem Buch umsetzen.

Affirmationen stellen keine große Herausforderung dar. Stattdessen ist es eine beglückende Erfahrung, sich von der Last alter negativer Glaubenssätze zu befreien und diese zurück in das Nichts zu schicken, in dem sie entstanden sind.

Unsere negativen Gedanken über uns selbst oder über unser Leben bedeuten nicht, dass sie auch wahr sind. In der Kindheit hören wir negative Bemerkungen über uns selbst und über das Leben, und wir übernehmen diese Vorstellungen, als ob sie der Realität entsprächen. Doch nun nehmen wir unsere Glaubenssätze unter die Lupe und treffen eine wichtige Entscheidung: Entweder halten wir an ihnen fest, weil sie uns unterstützen und dazu beitragen, unser Leben glücklich und erfüllend zu gestalten, oder wir lassen sie los. Ich stelle mir das gern so vor, dass ich alte Überzeugungen in einen Fluss werfe, und sie treiben sanft stromabwärts, lösen sich auf und verschwinden, um nie wieder zurückzukehren.

Treten Sie ein in den Garten des Lebens und säen Sie neue Gedanken und Ideen, die schön und nährend sind. Das Leben liebt Sie, und es will nur das Beste für Sie. Dazu gehören Seelenfriede, innere Freude, Selbstvertrauen, ganz viel Selbstwertgefühl und Selbstliebe. Sie haben es verdient, sich im Umgang mit allen Menschen wohlzufühlen und ein gutes Leben zu haben. Lassen Sie mich Ihnen helfen, diese Vorstellungen in Ihrem neuen Garten auszusäen. Hegen und pflegen Sie sie gut und erleben Sie mit, wie sie zu wunderschönen Blumen und Früchten heranwachsen, die Sie Ihr ganzes Leben lang nähren und versorgen werden.

TAG 1

Was sind Affirmationen?

Vielleicht sind Sie nicht mit Affirmationen vertraut und haben noch nie damit gearbeitet. Deshalb möchte ich Ihnen erklären, was damit gemeint ist und wie sie wirken.

Der Begriff ist abgeleitet vom lateinischen Verb *affirmare*, was »bekräftigen«, »bejahen« heißt. Kurz gesagt, ist eine Affirmation alles, was Sie sagen oder denken. Vieles von dem, was uns durch den Kopf geht und was wir aussprechen, ist ziemlich negativ und trägt nicht zu guten Erfahrungen bei. Es ist also ratsam, unser Denken und Reden zum Positiven hin auszurichten.

Eine Affirmation ist wie das Öffnen einer Tür. Sie bildet den Ausgangspunkt auf dem Weg zur Veränderung. Im Grunde genommen sagen Sie Ihrem Unterbewusstsein damit: »Ich übernehme die ganze

Verantwortung. Ich bin mir bewusst, dass ich selbst aktiv etwas verändern kann.« Unter Affirmationen verstehe ich das bewusste Aussprechen von Sätzen, die dazu beitragen, entweder etwas aus Ihrem Leben zu verbannen oder etwas ganz Neues zu kreieren.

Jeder Ihrer Gedanken und jedes Ihrer Worte ist eine Affirmation. Ihr gesamtes inneres Selbstgespräch ist ein Strom von Affirmationen, auch wenn Sie sich dessen gar nicht bewusst sind. Durch jedes Wort und jeden Gedanken affirmieren Sie und gestalten dadurch Ihr Leben.

Ihre Glaubenssätze sind nichts anderes als die gewohnten Denkmuster aus Ihrer Kindheit. Viele davon mögen sehr hilfreich für Sie sein. Andere wiederum behindern Sie darin, genau das zu erschaffen, was Sie sich eigentlich wünschen. Ihre Wünsche und Ihre Überzeugung, was Sie verdient haben, können deutlich voneinander abweichen. Achten Sie auf Ihre Gedanken, denn nur so können Sie alle Überlegungen ausschalten, die Ihnen unerwünschte Erfahrungen bescheren.

Machen Sie sich bitte bewusst, dass jede Klage etwas affirmiert, was Sie nicht haben wollen: Immer wenn Sie wütend sind, bekräftigen Sie, dass Sie sich noch mehr Wut wünschen. Wenn Sie sich wie ein Opfer fühlen, affirmieren Sie, dass Sie sich weiterhin wie ein Opfer fühlen wollen. Falls Sie das Gefühl haben, das

Leben verwehre Ihnen, was Sie sich wünschen, wird Ihnen mit Sicherheit nie das Gute zuteil, welches das Leben manch anderen schenkt – zumindest so lange nicht, bis Sie anders denken und reden.

Überall auf der Welt beginnen die Menschen gerade erst zu lernen, dass Gedanken Erfahrungen erschaffen. Ihre Eltern wussten das wahrscheinlich nicht, also konnten sie es Ihnen auch nicht vermitteln. Sie haben Ihnen beigebracht, das Leben so zu betrachten, wie es ihre eigenen Eltern sie einst gelehrt hatten. Niemand hat also unrecht. Und niemand ist deswegen ein »schlechter Mensch«. Doch jetzt ist es an der Zeit, endlich aufzuwachen und Ihr Leben ganz bewusst so zu gestalten, dass es Sie glücklich macht und stärkt. Sie können das. Ich kann das. Wir alle können das – wir müssen nur lernen, wie.

In diesem Buch spreche ich über ausgewählte Themenbereiche, etwa über Selbstwert- und Angstgefühle, über Selbstkritik und Vergebung, über Gesundheit und Altern, über beruflichen Erfolg, Geld und Wohlstand und über Selbstliebe bis hin zu Freundschaft, Liebe und Nähe. Außerdem gebe ich Ihnen Übungen an die Hand, mit deren Hilfe Sie positive Veränderungen in diesen Lebensbereichen bewirken können.

Manche Menschen sagen: »Affirmationen funktionieren nicht« (was an sich schon eine Affirmation ist), aber sie meinen damit, dass sie nicht wissen, wie man sie richtig anwendet. Sie sagen vielleicht: »Ich werde immer reicher«, aber dann denken sie wieder: »Das ist doch alles Quatsch, ich weiß, dass es nicht funktioniert.« Welche Affirmation wirkt Ihrer Meinung nach stärker? Natürlich die negative, denn sie ist Ausdruck einer langjährigen und vertrauten Lebenseinstellung. Manche sprechen ihre Affirmationen einmal am Tag und beklagen sich den Rest der Zeit über. Auf diese Weise wird es lange dauern, bis die Affirmationen wirken. Negative Affirmationen wirken am schnellsten, weil sie viel häufiger und mit deutlich mehr Emotionen ausgesprochen werden.

Doch die Formulierung von Affirmationen ist nur ein kleiner Teil des gesamten Prozesses. Viel wichtiger ist, was Sie tagsüber und nachts tun. Wenn Ihre Affirmationen schnell und kontinuierlich wirken sollen, dann braucht es eine Atmosphäre, in der sie sich entfalten können. Affirmationen sind wie Samen, die wir in die Erde legen. Magerer Nährboden – schlechtes Wachstum. Nährstoffreicher Boden – üppiges Wachstum. Je mehr Gedanken Sie haben, die Ihnen ein gutes Gefühl bereiten, desto schneller wirken die Affirmationen.

Denken Sie also glückliche Gedanken. So einfach ist das. Und es ist machbar. Bei der Entscheidung, wie Sie jetzt denken wollen, handelt es sich um genau das – eine bewusste Wahl. Sie merken es vielleicht nicht, weil Sie schon lange so denken, aber es ist wirklich eine bewusste Entscheidung.

Jetzt … heute … in diesem Moment … können Sie sich entscheiden, Ihr Denken zu ändern. Ihr Leben wird sich nicht über Nacht ändern, aber wenn Sie konsequent sind und sich täglich dafür entscheiden, Gedanken zu hegen, die Ihnen ein gutes Gefühl verleihen, sind definitiv positive Veränderungen in jedem Bereich Ihres Lebens möglich.

TAG 2

Die Kraft der Affirmationen

Heute ist ein neuer Tag. Heute ist der Tag, an dem Sie beginnen, ein schönes und erfülltes Leben zu kreieren. Heute ist der Tag, an dem Sie beginnen, alle Einschränkungen loszulassen. Heute ist der Tag, an dem Sie die Geheimnisse des Lebens erfahren. Sie können Ihr Leben zum Besseren verändern. Die nötigen Werkzeuge dafür stehen Ihnen bereits zur Verfügung: Ihre Gedanken und Ihre Überzeugungen. In diesem Buch zeige ich Ihnen, wie Sie diese Tools einsetzen können, um Ihre Lebensqualität zu steigern.

Ich beginne jeden Tag mit Segnungen und Dankbarkeit für mein wunderbares Leben, und ich denke ganz bewusst glückliche Gedanken, ganz egal, was andere tun. Nein, ich mache das nicht zu 100 Prozent der Zeit, aber ich stehe jetzt bei etwa 75 oder

80 Prozent, und das hat viel dazu beigetragen, dass ich das Leben genießen kann und viel Positives in meine Alltagswelt gelangt.

Der einzige Moment, in dem Sie jemals leben, ist genau jetzt. Das ist die einzige Zeit, über die Sie die volle Kontrolle haben. »Gestern ist Geschichte, morgen ist ein Geheimnis, die Gegenwart ist ein Geschenk, deshalb nennen wir sie [im Englischen] *the present.*« Meine Yogalehrerin Maureen MacGinnis wiederholt diesen Satz in jedem Kurs, den sie abhält. Wie sollen Sie in Zukunft Momente der Fülle und der Freude erschaffen, wenn Sie sich nicht bewusst dafür entscheiden, in genau diesem Moment glücklich zu sein?

Wie fühlen Sie sich jetzt? Fühlen Sie sich gut? Fühlen Sie sich schlecht? Was fühlen Sie gerade? Wie ist Ihr Bauchgefühl? Würden Sie sich gern besser fühlen? Dann entscheiden Sie sich für ein schöneres Gefühl oder einen besseren Gedanken. Sollten Sie sich in irgendeiner Weise schlecht fühlen – traurig, mürrisch, verbittert, nachtragend, wütend, ängstlich, schuldbewusst, deprimiert, eifersüchtig, kritisch und so weiter –, dann haben Sie vorübergehend den Anschluss an den Strom der positiven Erfahrungen verloren, den das Universum für Sie bereithält. Verschwenden Sie Ihre Gedanken nicht an Schuldzuweisungen. Keine Person, kein Ort und keine Sache können Ihre Gefühle kontrollieren, weil sie keine Macht über Ihre Gedanken haben.

Das ist auch der Grund, warum Sie keinerlei Kontrolle über andere ausüben können – es ist unmöglich für Sie, die Gedanken Ihrer Mitmenschen zu manipulieren. Niemand kann einen anderen kontrollieren, es sei denn, jemand erlaubt es Ihnen. Machen Sie sich also bewusst, dass Sie einen mächtigen Denkapparat besitzen. Das Einzige, worüber Sie jemals die volle Kontrolle haben werden, sind Ihre Gedanken. Das, was Sie denken, bestimmt Ihr Leben. Deshalb habe ich mich für Gedanken der Freude und Wertschätzung entschieden, und das können Sie auch.

Bei welchen Gedanken fühlen Sie sich gut? Gedanken der Liebe, der Wertschätzung, der Dankbarkeit und der freudigen Kindheitserlebnisse? Gedanken, in denen Sie sich darüber freuen, dass Sie leben, und durch die Sie Ihren Körper mit Liebe segnen? Genießen Sie wirklich den gegenwärtigen Moment, und freuen Sie sich auf morgen? Wenn Sie diese Art von Gedanken denken, lieben Sie sich selbst, und Selbstliebe bewirkt Wunder in Ihrem Leben.

Mit Affirmationen entscheiden Sie sich bewusst dafür, bestimmte Gedanken zu hegen, die in der Zukunft positive Ergebnisse hervorbringen werden. Sie schaffen einen Kristallisationspunkt, der es Ihnen ermöglicht, Ihr Denken zu verändern. Affirmationen führen weit über die gegenwärtige Realität hinaus, denn durch die Worte, die Sie hier und jetzt denken oder aussprechen, gestalten Sie Ihre Zukunft.

Vielleicht haben Sie aktuell nicht so viel Geld auf Ihrem Konto, doch der Satz »Ich bin wohlhabend« legt die Saat für Ihren künftigen Wohlstand. Bei jeder Wiederholung bekräftigen Sie diese Saat, die Sie mental angelegt haben. Sie wollen doch bestimmt, dass die Saat aufgeht! Dazu braucht es eine positive mentale Atmosphäre. Auf einem fruchtbaren und nährstoffreichen Boden wächst alles viel schneller.

Es ist wichtig, Ihre Affirmationen immer im Präsens und ohne Abkürzungen zu formulieren. Typische Affirmationen beginnen zum Beispiel so: »Ich habe …« Oder: »Ich bin …« Wenn Sie aber sagen: »Ich werde …«, dann bleibt Ihr Gedanke in der Zukunft. Das Universum nimmt Ihre Gedanken und Worte wörtlich und gibt Ihnen genau das, was Sie sich wünschen. Immer. Dies ist ein weiterer Grund, warum Sie eine positive Einstellung aufrechterhalten sollten. Positive Affirmationen fallen viel leichter, wenn Sie sich gut fühlen.

Sehen Sie es einmal so: Jeder Ihrer Gedanken zählt, also verschwenden Sie Ihre wertvollen Gedanken nicht. Jeder positive Gedanke bringt Gutes in Ihr

Leben. Mit jedem negativen Gedanken vertreiben Sie das Positive; es bleibt unerreichbar für Sie. Wie oft standen Sie schon kurz davor, etwas Schönes zu erhalten, und es wurde Ihnen im letzten Moment vor der Nase weggeschnappt? Wenn Sie sich daran erinnern könnten, wie Ihre Einstellung zu dieser Zeit war, wüssten Sie auch, warum. Zu viele negative Gedanken bilden eine Barriere gegen positive Affirmationen.

Der Satz »Ich möchte nicht mehr krank sein« ist keine Affirmation für eine bessere Gesundheit. Sagen Sie stattdessen klar und deutlich, was Sie wirklich wollen: »Ich akzeptiere jetzt vollkommene Gesundheit.« Die Aussage »Ich hasse dieses Auto« verhilft Ihnen nicht zu einem tollen neuen Gefährt, weil Sie sich nicht klar genug ausdrücken. Selbst wenn Sie ein neues Auto bekommen sollten, werden Sie es wahrscheinlich schon nach kurzer Zeit nicht mehr mögen, denn genau das haben Sie affirmiert. Wenn Sie einen neuen Wagen haben wollen, dann sollten Sie zum Beispiel sagen: »Ich habe ein wunderschönes neues Auto, das ganz und gar meinen Bedürfnissen entspricht.«

Sie haben bestimmt schon von anderen den Satz gehört »Das Leben ist beschissen« (was eine schreckliche Affirmation ist). Können Sie sich vorstellen, was dieser Satz in Ihr Leben ziehen wird? Natürlich ist nicht das Leben beschissen, sondern ein solches

Denken! Mit derartigen Gedanken werden Sie sich schrecklich fühlen. Und wenn Sie sich schrecklich fühlen, kann nichts Positives in Ihr Leben gelangen.

Verschwenden Sie keine Zeit damit, Ihre Probleme zu erklären: schwierige Beziehungen, Probleme, Krankheiten, Armut und so weiter. Je mehr Sie über ein Problem sprechen, desto mehr verankern Sie es. Geben Sie nicht anderen die Schuld für das, was in Ihrem Leben scheinbar falsch läuft – das ist nur weitere Zeitverschwendung. Machen Sie sich klar, dass Sie den Gesetzen Ihres eigenen Bewusstseins unterworfen sind, Ihren eigenen Gedanken, und dass Sie genau die Erfahrungen anziehen, die sich aus Ihrer Denkweise ergeben.

Ändern Sie Ihre Denkmuster, dann wird sich auch Ihr Leben verändern. Sie werden erstaunt und erfreut sein, wie sehr sich Menschen, Orte, Dinge und Umstände verändern können.

Schuldzuweisungen sind eine weitere negative Affirmation, mit der Sie nur Ihre wertvollen Gedanken verschwenden. Lernen Sie stattdessen, Ihre negativen Affirmationen in positive Affirmationen umzuwandeln, zum Beispiel wie in der folgenden Übersicht dargestellt.

Ich hasse meinen Körper.	*wird zu*	Ich liebe und akzeptiere meinen Körper.
Ich habe nie genug Geld.	*wird zu*	Ich erhalte Geld im Überfluss.
Ich habe die Nase voll davon, ständig krank zu sein.	*wird zu*	Ich erlaube meinem Körper wieder seine natürliche und kraftvolle Gesundheit.
Ich bin zu dick.	*wird zu*	Ich wertschätze meinen Körper und sorge gut für ihn.
Keiner liebt mich.	*wird zu*	Ich strahle Liebe aus, und Liebe erfüllt mein Leben.
Ich bin nicht kreativ.	*wird zu*	Ich entdecke neue Talente an mir.
Ich habe einen miesen Job.	*wird zu*	Wundervolle neue Chancen eröffnen sich mir ständig.
Ich bin nicht gut genug.	*wird zu*	Ich erlebe gerade eine positive Veränderung, und ich verdiene das Beste.

Das bedeutet nicht, dass Sie sich über alle Ihre Gedanken den Kopf zerbrechen müssen. Sobald Sie mit der Umstellung beginnen und wirklich darauf achten, was Sie denken, werden Sie mit Entsetzen feststellen, wie negativ früher viele Ihrer Gedanken waren. Taucht wieder mal ein negativer Gedanke auf, denken Sie einfach: *Das ist ein alter Gedanke; ich möchte nicht mehr so denken.* Ersetzen Sie ihn dann so schnell wie möglich durch einen positiven. Erinnern Sie sich daran, dass Sie sich so gut wie möglich fühlen wollen. Gedanken der Bitterkeit, des Grolls, der Schuldzuweisung und der Schuldgefühle machen Sie unglücklich. Und diese Angewohnheit sollten Sie unbedingt ablegen.

Affirmationen bieten Lösungen für jedes Ihrer Probleme. Wann immer Sie ein Problem haben, wiederholen Sie den folgenden Satz:

> *»Alles ist gut. Alles geschieht zu meinem höchsten Wohl. Diese Situation wird nur Gutes hervorbringen. Ich bin ganz sicher.«*

Diese einfache Affirmation wird in Ihrem Leben Wunder bewirken.

Ich empfehle Ihnen außerdem, Ihre Affirmationen nicht mit anderen zu teilen, weil sie Ihre Ideen abtun könnten. Behalten Sie Ihre Gedanken am besten so lange für sich, bis sich die gewünschten Veränderungen eingestellt haben. Dann werden Ihre Freunde sagen: »Dein Leben hat sich total verändert. Du bist so anders. Wie hast du das denn gemacht?«

Gehen Sie dieses Kapitel gegebenenfalls wiederholt durch, bis Sie das Prinzip so verinnerlicht haben, dass Sie es umsetzen können. Konzentrieren Sie sich außerdem auf die Themen, die Ihnen am meisten am Herzen liegen, und üben Sie die entsprechenden Affirmationen. Denken Sie daran, eigene Affirmationen zu formulieren.

Folgende Affirmationen können Sie anwenden:

»Ich bin mit mir selbst zufrieden.«

»Ich kann mein Leben zum Besseren verändern.«

»Ich schaffe das.«

TAG 3

Selbstwertgefühl

Heute wollen wir uns mit dem Thema »Selbstwertgefühl« befassen. Eins ist sicher: Wer negativ über sich selbst denkt, wird nie ein gutes Selbstwertgefühl entwickeln. Wenn Sie sich aber selbst wertschätzen können, fühlen Sie sich gut, und daraus entwickelt sich Selbstvertrauen. Selbstvertrauen wiederum stärkt das Selbstwertgefühl – sie verstärken sich gegenseitig. Wer das verstanden hat, kann fast alles erreichen.

Und weil Ihr Selbstwertgefühl widerspiegelt, was Sie über sich selbst denken, haben Sie die Freiheit, alles zu denken, was Sie möchten. Warum also sollten Sie sich abwerten?

Sie wurden mit großem Selbstvertrauen geboren. Sie kamen mit dem Wissen auf die Welt, dass Sie einzigartig sind. Als kleines Baby waren Sie einfach perfekt. Sie brauchten nichts zu tun – Sie waren ja bereits perfekt –, und Sie haben sich so verhalten, als ob Sie sich dessen bewusst wären. Sie wussten, dass Sie das Zentrum des Universums sind. Sie haben sich nicht gescheut, um das zu bitten, was Sie brauchten. Ihre Gefühle haben Sie frei zum Ausdruck gebracht. Ihre Mutter wusste, wenn Sie wütend waren; die ganze Nachbarschaft wusste es. Und wenn Sie glücklich waren, erhellte Ihr Lächeln die Welt. Sie waren voller Liebe und Zuversicht.

Babys können sterben, wenn sie keine Zuwendung erhalten. Später, wenn wir älter sind, lernen wir, auch ohne Liebe auszukommen, aber das würde kein Baby durchstehen. Auch lieben Babys jeden Zentimeter ihres Körpers, sogar ihre eigenen Fäkalien. Sie kennen keine Schuldgefühle, schämen sich nicht und vergleichen sich nicht mit anderen. Sie sind sich ihrer Einzigartigkeit bewusst und wissen einfach, dass sie wundervoll sind.

So waren auch Sie einmal. Doch irgendwann in Ihrer Kindheit übertrugen Ihre wohlmeinenden Eltern oder andere Autoritätspersonen ihre eigenen Unsicherheiten auf Sie und vermittelten Ihnen Gefühle der Unzulänglichkeit und der Angst. Von da an begannen Sie, Ihre Einzigartigkeit zu verleugnen. Aber diese Gedanken und Gefühle haben nie der Wahrheit entsprochen, und das ist auch jetzt noch so. Deshalb möchte ich Sie in die Zeit zurückversetzen, in der Sie noch wussten, was Selbstvertrauen ist.

Übung: Ich akzeptiere mich selbst

Ich habe diese Übung schon Hunderten von Menschen an die Hand gegeben, und die Ergebnisse sind phänomenal. Sagen Sie sich einen Monat lang immer wieder: »Ich akzeptiere mich selbst.«

Machen Sie das mindestens 300- bis 400-mal am Tag. Nein, das ist nicht zu oft. Wenn Sie Probleme haben, denken Sie mindestens genauso oft darüber nach. Lassen Sie den Satz »Ich akzeptiere mich selbst« zum Mantra werden, das Sie immer und immer wieder sprechen, und zwar möglichst ununterbrochen.

Der Satz »Ich akzeptiere mich selbst« wird garantiert alles an die Oberfläche bringen, was in Ihrem Bewusstsein vergraben ist und im Widerspruch dazu steht.

Wenn negative Gedanken auftauchen wie zum Beispiel »Wie soll ich mich selbst akzeptieren, ich bin doch so fett?«, »Das ist doch alles Blödsinn, wozu soll das gut sein?«, »Ich tauge nichts« oder was auch immer Ihr negatives inneres Geschwätz sein mag, ist es höchste Zeit, die mentale Kontrolle zu übernehmen. Geben Sie diesen Gedanken keine Bedeutung. Sehen Sie sie einfach als das an, was sie sind –

eine weitere Fußfessel an die Vergangenheit. Sagen Sie sanft zu diesen Gedanken: »Ich lasse dich gehen; ich akzeptiere mich selbst.«

Schon die Idee, diese Übung durchzuführen, kann eine Menge Gedanken auslösen, etwa »Das kommt mir albern vor«, »Das stimmt doch gar nicht«, »Das ist eine Lüge«, »Das klingt eingebildet« oder »Wie soll ich mich selbst akzeptieren, wenn ich das hier tue?«.

Lassen Sie solche Gedanken einfach vorbeiziehen. Sie sind nur Ausdruck Ihres inneren Widerstands. Sie haben keine Macht über Sie, es sei denn, Sie entscheiden sich, ihnen zu glauben.

»Ich akzeptiere mich selbst, ich akzeptiere mich selbst, ich akzeptiere mich selbst.« Egal was passiert, egal wer was zu Ihnen sagt, egal wer Ihnen was antut, machen Sie einfach weiter. Im Gegenteil, wenn Sie das zu sich selbst sagen können, während jemand etwas tut, was Sie nicht gutheißen, merken Sie, dass Sie wachsen und sich verändern.

Gedanken haben keine Macht über uns, es sei denn, wir räumen sie ihnen ein. Gedanken sind nur eine Aneinanderreihung von Worten. Sie haben *überhaupt keine Bedeutung*. Wir allein geben ihnen Bedeutung. Wir sollten viel lieber Gedanken haben, die uns stärken und aufbauen.

Schauen Sie sich im Spiegel selbst in die Augen und sprechen Sie eine positive Botschaft – so erzielen Sie am schnellsten positive Ergebnisse durch Affirmationen. Ich bitte die Menschen, jedes Mal wenn sie an einem Spiegel vorbeigehen, sich selbst dabei in die Augen zu sehen und etwas Positives über sich zu sagen.

Überlegen Sie sich also neue Gedanken über sich selbst und sprechen Sie aus, wie großartig Sie sind und dass Sie all das Gute verdienen, das das Leben Ihnen zu bieten hat. Denken Sie Gedanken, die Sie glücklich machen. Tun Sie Dinge, die Ihnen ein gutes Gefühl vermitteln. Treffen Sie sich mit Menschen, bei denen Sie sich wohlfühlen. Genießen Sie Speisen, die Ihrem Körper guttun. Gehen Sie in einem Tempo, das Ihnen gemäß ist.

Affirmationen für Ihr Selbstwertgefühl

Das Gefühl, »nicht gut genug« zu sein, ist eines der Hindernisse für die Wirkung positiver Affirmationen, denn es bringt Ihre Auffassung zum Ausdruck, kein gutes Leben verdient zu haben. Die folgende Liste enthält Affirmationen für Ihr Selbstwertgefühl. Versuchen Sie, sich möglichst viele davon einzuprägen, und wiederholen Sie sie dann regelmäßig. Das wird Ihnen helfen, das Gefühl der Wertlosigkeit, das Sie mit sich herumtragen, in ein Gefühl der Selbstachtung zu verwandeln. Beobachten Sie dann, wie sich Ihre positiven Affirmationen manifestieren.

- Ich entscheide mich dafür, mich gut zu fühlen.
- Ich stehe auf eigenen Beinen. Ich akzeptiere und nutze meine Kraft.
- Ich bin allen Situationen gewachsen.
- Es spielt keine Rolle, was andere sagen oder tun. Es kommt darauf an, was ich tue und was ich über mich selbst denke.
- Ich betrachte die Welt mit Liebe und Akzeptanz. Alles ist gut in meiner Welt.
- Mein Selbstwertgefühl ist hoch, weil ich akzeptiere, wer ich bin.
- Ich verdiene alles, was gut ist.
- Mein Leben wird von Tag zu Tag besser und schöner. Ich freue mich auf das, was jede neue Stunde bringt.
- Ich bin nicht zu klein und nicht zu groß, und ich muss mich nicht beweisen.
- Ich weiß, dass ich für jedes Problem, das ich mir selbst erschaffe, eine Lösung finden kann.
- Das Leben unterstützt mich auf jede erdenkliche Weise.
- Ich gehe durchs Leben und weiß, dass ich sicher bin – göttlich beschützt und geführt.
- Ich akzeptiere andere so, wie sie sind, und sie akzeptieren wiederum mich.
- Ich bin wunderbar und fühle mich großartig. Ich bin dankbar für mein Leben.

- Ich habe das Selbstwertgefühl, die Kraft und das Selbstvertrauen, im Leben mit Leichtigkeit voranzukommen.

TAG 4

Veränderung

Heute beschäftigen wir uns mit einem Thema, das vielen von uns schwerfällt: »Veränderung«. Obwohl wir uns alle wünschen, dass unser Leben besser und einfacher wird, wollen wir uns nicht unbedingt selbst verändern. Uns wäre es am liebsten, wenn sich alles wie durch Zauberhand wandeln würde. Damit Wendungen zum Besseren möglich sind, müssen wir *bei uns selbst anfangen.* Wir müssen unsere Denkweise ändern, unsere Art zu reden, unsere Ausdrucksweise. Erst dann werden sich die äußeren Veränderungen einstellen.

Ich war schon immer etwas starrköpfig veranlagt. Selbst jetzt, nachdem ich mich entschlossen habe, mein Leben umzugestalten, kommt diese Sturheit gelegentlich wieder zum Vorschein, und ich sträube mich dagegen, *mein* Denken zu ändern. Zeitweise bin ich dann ziemlich selbstgerecht, wütend und verschlossen. Ja, das passiert mir auch heute noch trotz meiner langjährigen Arbeit. Das ist eine der Lektionen, die ich zu lernen habe. Wenn diese Gefühle auftauchen, weiß ich allerdings, dass ich an einem wichtigen Punkt angelangt bin: Bei jeder Entscheidung, etwas in meinem Leben zu verändern, etwas loszulassen, tauche ich dazu noch tiefer in mich ein.

Jede alte Schicht muss weichen, um durch neues Denken ersetzt zu werden. Manchmal fällt mir das leicht, doch zuweilen fühlt es sich an wie der Versuch, einen Felsbrocken mit einer Feder anzuheben.

Je beharrlicher ich an einer alten Überzeugung festhalten will, obwohl ich ja eigentlich etwas ändern möchte, desto klarer wird mir, dass ich sie unbedingt loslassen muss. Nur wenn ich diese Zusammenhänge lerne, kann ich sie anderen vermitteln.

Ich bin der Meinung, dass viele der wirklich guten Lehrer nicht aus glücklichen Familien stammen, in denen alles einfach war. Sie kommen aus einem Umfeld mit viel Schmerz und Leid, und sie haben sich durch die einzelnen Schichten hindurchgearbeitet, um an den Punkt zu gelangen, an dem sie nun anderen helfen können, sich selbst zu befreien. Die meisten guten Lehrer arbeiten ständig daran, immer noch mehr Altes loszulassen, immer tiefere Schichten der

Begrenzung zu entfernen. Das ist eine lebenslange Aufgabe.

Im Gegensatz zu früher muss ich heute nicht mehr erst auf mich selbst wütend sein, um Glaubenssätze aufzulösen. Ich glaube nicht mehr, dass ich ein schlechter Mensch bin, nur weil ich etwas in mir verändern will.

Meine mentale Arbeit ist wie ein Hausputz für mich. Ich gehe durch meine mentalen Räume und untersuche die darin befindlichen Gedanken und Überzeugungen. Einige liebe ich, also poliere und glätte ich sie und mache sie noch nützlicher. Bei einigen stelle ich fest, dass sie ersetzt oder repariert werden müssen, und ich kümmere mich darum, sobald ich kann. Andere sind wie die Zeitung von gestern oder Kleidung, die nicht mehr passt. Diese Dinge gebe ich entweder weg oder werfe sie in den Müll, und ich lasse sie für immer verschwinden.

Die Reinigung des mentalen Hauses nach langem negativem Denken ist ein bisschen so, als würde man nach Jahren der Ernährung mit Junkfood auf gesunde Nahrungsmittel umsteigen. Beides kann zu Heilungskrisen führen. Wenn Sie beginnen, Ihre Ernährung umzustellen, fängt der Körper an, die toxischen Schlacken auszuscheiden, und dann fühlen Sie sich oft ein oder zwei Tage lang ziemlich mies. Genauso ist es mit der Entscheidung, Ihre Denkmuster zu ändern – Ihre Situation kann sich für eine Weile verschlechtern.

Stellen Sie sich den Prozess vor wie nach einem üppigen Abendessen. Die Speisen sind verzehrt, und jetzt muss die Pfanne gespült werden. Sie ist eingebrannt und verkrustet, also geben Sie heißes Wasser und etwas Spülmittel hinein und lassen das Ganze eine Weile einweichen. Dann kratzen Sie die Pfanne aus. Jetzt sieht die Pfanne noch schlimmer aus als vorher. Bleiben Sie aber dran, ist die Pfanne bald wieder wie neu.

Das Gleiche passiert, wenn man ein verkrustetes Denkmuster auffrischt. Sobald wir es mit neuen Ideen aufweichen, kommt der ganze Dreck an die Oberfläche und wird sichtbar.

Testen Sie nun eine sehr effektive Methode, die ich bei mir selbst und bei anderen anwende.

Übung: Bereitschaft zur Veränderung

Schauen Sie in den Spiegel und sagen Sie zu sich selbst: »Ich bin bereit, mich zu ändern.« Achten Sie dabei auf Ihre Gefühle. Sollten Sie unschlüssig sein, Widerwillen empfinden oder keine Lust mehr haben, sich zu verändern, fragen Sie sich, warum. An welchem alten Glaubenssatz halten Sie fest? Bitte schimpfen Sie nicht mit sich selbst, sondern beobachten Sie einfach, worum es sich handelt. Ich wette, dieser Glaubenssatz hat Ihnen bisher eine Menge Ärger bereitet. Ich frage mich, woher er kommt. Haben Sie eine Idee?

Unabhängig davon, ob Sie wissen, woher er kommt, wollen wir ihn nun auflösen. Gehen Sie wieder zum Spiegel, schauen Sie sich selbst tief in die Augen, berühren Sie Ihre Kehle und sagen Sie zehnmal laut: »Ich bin bereit, jeglichen Widerstand loszulassen.«

Die Arbeit mit dem Spiegel ist sehr kraftvoll. Als Kinder haben wir die meisten negativen Botschaften von anderen erhalten, die uns dabei in die Augen geschaut und vielleicht mit dem Finger auf uns gezeigt haben. Fast immer sagen wir etwas Negatives über uns, wenn wir in den Spiegel schauen. Entweder kritisieren wir unser Aussehen, oder wir beschimpfen uns für irgendetwas anderes. Dabei ist es meiner Meinung nach am effizientesten, sich in die Augen zu sehen und etwas Positives über sich zu sagen, um mithilfe von Affirmationen gute Ergebnisse zu erzielen.

Affirmationen für Veränderungen

Seien Sie bereit, Veränderungen zuzulassen, wenn sie in Ihrem Leben auftauchen. Seien Sie sich bewusst, dass der Bereich, in dem Sie sich nicht verändern wollen, genau der Bereich ist, in dem der Druck am stärksten ist.

Die universelle Intelligenz antwortet immer auf Ihre Gedanken und Worte. Mit Sicherheit wird sich vieles zum Besseren wenden, wenn Sie die folgenden Affirmationen sprechen:

- Veränderungen können in diesem Moment beginnen. Ich bin bereit herauszufinden, wie und wo ich mich verändern muss.
- Das Leben bringt mir nur gute Erfahrungen. Ich bin offen für neue und wundervolle Veränderungen.
- Ich lasse alle Beschränkungen los, die auf alten negativen Gedanken beruhen. Ich sehe der Zukunft fröhlich entgegen.
- Ich bin sicher. Ich fühle mich wohl mit Veränderungen und Wachstum.
- Ich erlaube mir, die nächsten Schritte zu machen und das Neue freudig anzunehmen.
- Ich spüre Freiheit und Veränderung. Ich lege alte Denkmuster ab.
- Ich fühle mich wie neugeboren. Ich habe mich von der Vergangenheit befreit und heiße das Neue freudig willkommen.
- Ich öffne mich bewusst für das neue Leben. Es gibt viel Raum für mich, um zu wachsen und mich zu verändern.

- Jede Veränderung in meinem Leben bringt mich auf eine neue Bewusstseinsebene.
- Es fällt mir leicht, mich zu verändern und neu auszurichten. Ich bin flexibel und im Fluss.
- Ich fühle mich sicher im Rhythmus und Fluss des sich ständig verändernden Lebens.
- Jeder Augenblick ist eine wunderbare neue Gelegenheit, um mich zu meinem wahren Selbst zu entwickeln.
- Jeder Mensch verändert sich, und ich gestehe jedem zu, dass er sich ändert.

TAG 5

Angstgefühle

Heute wollen wir uns mit Angstgefühlen befassen. Ich glaube, dass wir in jeder Situation die Wahl zwischen Liebe und Angst haben. Wir haben Angst vor Veränderungen, davor, uns nicht zu verändern, vor der Zukunft und davor, etwas zu riskieren. Wir haben Angst vor Nähe und vor dem Alleinsein. Wir haben Angst davor, anderen zu sagen, was wir brauchen und wer wir sind, sowie davor, die Vergangenheit loszulassen.

Dem steht die Liebe gegenüber. Liebe ist das Wunder, auf das wir alle warten. Selbstliebe verzaubert unser Leben. Ich meine damit keinesfalls Eitelkeit oder Überheblichkeit, denn das ist keine Liebe. Das ist nur ein weiterer Ausdruck von Angst. Ich verstehe unter Selbstliebe höchsten Respekt uns selbst gegenüber und Dankbarkeit für das Wunder unseres Körpers und Geistes.

Machen Sie sich bewusst, dass Angst bedeutet, sich selbst nicht zu lieben und zu vertrauen. Das Gefühl, nicht »gut genug« zu sein, beeinträchtigt unsere Entscheidungen. Wie sollen Sie auch eine gute Entscheidung treffen, wenn Sie nicht an sich selbst glauben?

In ihrem wunderbaren Buch *Selbstvertrauen gewinnen. Die Angst vor der Angst verlieren* schreibt Susan Jeffers, wenn es allen Menschen Angst mache, sich etwas Neuem in ihrem Leben zu stellen, und sie es trotzdem in Angriff nähmen, könnten wir daraus ableiten, dass Angst nicht das eigentliche Problem darstelle. Weiter führt sie aus, dass es im Grunde nicht um Angst gehe, sondern um die Frage, wie wir mit ihr umgingen. Stehen wir der Angst hilflos gegenüber, oder begegnen wir ihr mit einem Gefühl der Stärke? Die Tatsache, dass wir Angst haben, verliert dadurch an Bedeutung.

Wir setzen uns mit dem auseinander, was wir für schwierig halten, und erkennen die wahren Ursachen: Mangelnde Selbstliebe und das Gefühl, nicht »gut genug« zu sein, machen uns schwer zu schaffen.

Emotionale Probleme sind ganz besonders schmerzhaft und belastend. Wir alle sind gelegentlich wütend, traurig, einsam, verunsichert, verängstigt oder haben Schuldgefühle. Unser Leben kann zu einem emotionalen Schlachtfeld werden, wenn diese Gefühle uns überrollen und beherrschen.

Deshalb ist es ganz entscheidend, wie wir mit unseren Gefühlen umgehen. Agieren wir sie auf irgendeine Weise aus? Bestrafen wir andere, zwingen wir ihnen unseren Willen auf, oder verletzen wir uns selbst?

Hinter all diesen Problemen steckt ganz oft der Glaubenssatz, nicht gut genug zu sein. Eine stabile Psyche beruht auf Selbstliebe. Erst wenn wir uns uneingeschränkt selbst lieben und akzeptieren – unsere guten und die sogenannten schlechten Seiten –, können wir uns allmählich verändern.

Zur Selbstakzeptanz gehört auch, die Meinungen anderer loszulassen. Viele unserer Überzeugungen über uns selbst entbehren jeder Grundlage. Diese Gedanken haben nur dann Macht über uns, wenn wir uns nach ihnen ausrichten. Gedanken sind nur aneinandergereihte Worte ohne jeglichen Sinn. Wir selbst verleihen ihnen eine bestimmte Bedeutung, indem wir uns permanent auf die negativen Botschaften unseres Verstandes fokussieren. Wir denken das Schlimmste von uns selbst. Wir entscheiden selbst, wie viel Bedeutung wir diesen Gedanken beimessen wollen.

Übung: Loslassen

Atmen Sie beim Lesen dieser Übung tief ein und lassen Sie beim Ausatmen die Spannung aus Ihrem Körper weichen. Entspannen Sie Ihre Kopfhaut, Ihre Stirn und Ihr Gesicht. Ihr Kopf muss nicht angespannt sein, um zu lesen. Lockern Sie Ihre Zunge, Ihren Hals und Ihre Schultern. Entspannen Sie Ihren Rücken, Ihren Bauch und Ihr Becken. Lassen Sie Ihre Atmung zur Ruhe kommen, während Sie Ihre Beine und Füße entspannen.

Nehmen Sie eine spürbare Veränderung in Ihrem Körper wahr, seit Sie mit dem Lesen des vorherigen Absatzes begonnen haben? Sagen Sie in dieser entspannten, bequemen Position zu sich selbst: »Ich bin bereit loszulassen. Ich lasse los. Ich lasse los. Ich lasse alle Spannungen los. Ich lasse alle Ängste los. Ich lasse allen Ärger los. Ich lasse alle Schuldgefühle los. Ich lasse alle Traurigkeit los. Ich lasse die alten Begrenzungen los. Ich lasse los, und ich bin in Frieden. Ich bin im Frieden mit mir selbst. Ich bin im Frieden mit dem Fluss des Lebens. Ich bin in Sicherheit.«

Wiederholen Sie diese Übung zwei- oder dreimal und immer dann, wenn Ihnen Probleme in den Sinn kommen. Es braucht ein wenig Training, bis sie zur Routine wird. Sobald Sie mit dieser Übung vertraut sind, können Sie sie überall und zu jeder Zeit durchführen. Danach werden Sie sich in allen Situationen tief entspannen können.

Übung: Spaß haben mit dem inneren Kind

In einem Zustand der Unruhe oder Angst, in dem Sie kaum noch handeln können, haben Sie vielleicht Ihr inneres Kind im Stich gelassen. Überlegen Sie sich, wie Sie wieder mit ihm in Kontakt treten können. .Was würde Ihnen Spaß machen? Was könnten Sie einfach nur für sich selbst tun?

Schreiben Sie fünfzehn Ideen auf, wie Sie Spaß mit Ihrem inneren Kind haben können. Vielleicht lesen Sie gern, gehen ins Kino, arbeiten im Garten, führen ein Tagebuch oder nehmen ein heißes Bad. Wie wäre es mit ein paar »kindlichen« Aktivitäten? Denken Sie gründlich nach. Sie könnten am Strand spazieren gehen, auf einem Spielplatz schaukeln, mit Buntstiften malen oder auf einen Baum klettern. Sobald Sie Ihre Liste erstellt haben, probieren Sie jeden Tag mindestens eine Aktivität aus. So wird Heilung möglich!

Wie schön, was Sie alles entdeckt haben! Machen Sie weiter – Sie und Ihr inneres Kind können so viel Spaß zusammen haben! Spüren Sie, wie die Beziehung zwischen Ihnen beiden heilt.

Affirmationen bei Angstgefühlen

Die folgenden Affirmationen bei Angstgefühlen habe ich in elf Kategorien eingeteilt. Zu jedem Thema finden Sie ein Beispiel für eine negative Aussage sowie eine, die dieser Überzeugung entgegenwirkt. Vielleicht formulieren Sie aber lieber Ihre eigenen Affirmationen? Dann schreiben Sie unter jede der unten aufgeführten Kategorien Ihre größte Angst und danach eine positive Affirmation.

Sprechen Sie diese Affirmationen täglich, und zwar möglichst oft, zum Beispiel beim Autofahren, bei der Arbeit, beim Blick in den Spiegel oder immer dann, wenn Sie spüren, dass Ihre negativen Glaubenssätze auftauchen:

1. Beruf

Beispiel für eine Angst: Ich habe Angst, dass niemand jemals meinen Wert erkennt.

Beispiel-Affirmation: Bei der Arbeit schätzt mich jeder.

2. Wohnen

Beispiel für eine Angst: Ich werde nie eine eigene Wohnung haben.

Beispiel-Affirmation: Es gibt ein perfektes Zuhause für mich, und ich akzeptiere das jetzt.

3. Familie
Beispiel für eine Angst: Meine Eltern akzeptieren mich nicht so, wie ich wirklich bin.
Beispiel-Affirmation: Ich akzeptiere meine Eltern, und sie akzeptieren und lieben mich.

4. Geld
Beispiel für eine Angst: Ich habe Angst davor, arm zu sein.
Beispiel-Affirmation: Ich vertraue darauf, dass für alle meine Bedürfnisse gesorgt wird.

5. Aussehen
Beispiel für eine Angst: Ich halte mich für dick und unattraktiv.
Beispiel-Affirmation: Ich lasse das Bedürfnis los, meinen Körper zu kritisieren.

6. Sexualität
Beispiel für eine Angst: Ich habe Angst, dass ich etwas »leisten« muss.
Beispiel-Affirmation: Ich bin entspannt und kann das Leben leicht und mühelos genießen.

7. Gesundheit

Beispiel für eine Angst: Ich habe Angst, krank zu werden und mich nicht mehr um mich selbst kümmern zu können.

Beispiel-Affirmation: Ich ziehe immer alle Hilfe an, die ich brauche.

8. Beziehungen

Beispiel für eine Angst: Ich glaube nicht, dass mich jemals jemand lieben wird.

Beispiel-Affirmation: Ich liebe und akzeptiere mich selbst.

9. Alter

Beispiel für eine Angst: Ich habe Angst davor, alt zu werden.

Beispiel-Affirmation: Jedes Lebensalter bietet unzählige Möglichkeiten.

10. Tod und Sterben

Beispiel für eine Angst: Was, wenn es kein Leben nach dem Tod gibt?

Beispiel-Affirmation: Ich vertraue auf den Prozess des Lebens. Ich befinde mich auf einer endlosen Reise durch die Ewigkeit.

11. Allgemeines

Beispiel für eine Angst: Ich habe immer Angst.

Beispiel-Affirmation: Ich bin gelassen.

Beispiel für eine Angst: Menschen machen mir Angst.
Beispiel-Affirmation: Ich werde geliebt und bin sicher, wo auch immer ich bin.

Beispiel für eine Angst: Ich habe Schwierigkeiten, meine Gefühle zu zeigen.
Beispiel-Affirmation: Es ist sicher für mich, meine Gefühle zu zeigen.

Beispiel für eine Angst: Ich fühle mich wie ein Versager.
Beispiel-Affirmation: Ich bin erfolgreich.

Beispiel für eine Angst: Ich habe Angst vor dem Alleinsein.
Beispiel-Affirmation: Ich bin liebevoll und ziehe immer Liebe an, egal wo ich bin.

TAG 6

Selbstkritik

Heute beschäftigen wir uns mit unserem inneren Kritiker – das ist diese feine, aber beharrliche Stimme in uns, die ständig bemängelt, was wir denken und tun. Meckert Ihr innerer Kritiker auch ohne Unterbrechung an Ihnen herum? Sehen Sie die Welt mit kritischen Augen? Verurteilen Sie einfach alles? Sind Sie selbstgerecht?

Die meisten Menschen haben einen so starken Hang, zu urteilen und zu kritisieren, dass es ihnen schwerfällt, dieses Muster abzulegen. Dabei sollten wir gerade daran dringend arbeiten. Selbstliebe ist nur möglich, wenn wir das Bedürfnis loslassen, alles herabzuwürdigen.

Als Baby sind Sie dem Leben völlig unvoreingenommen begegnet. Staunend haben Sie die Welt um sich herum beobachtet. Sie haben das Leben so genommen, wie es war, es sei denn, Sie hatten Angst oder jemand hat Ihnen wehgetan. Mit der Zeit haben Sie gelernt, die Meinungen anderer zu akzeptieren und sich zu eigen zu machen. Sie haben auch gelernt, Kritik zu äußern.

Übung: Lassen Sie Ihre Selbstkritik los

Lassen Sie uns einige Ihrer Glaubenssätze über Selbstkritik überprüfen. Beantworten Sie dafür die folgenden Fragen und schreiben Sie Ihre Antworten auf. Seien Sie so offen und ehrlich wie möglich.

- Kennen Sie Ihr Familienmuster, also die Verhaltensweisen, Eigenheiten, Auffassungen und auch Schicksale, die generationenübergreifend weitergegeben werden?
- Was haben Sie von Ihrer Mutter über Kritik gelernt?
- Was hat sie kritisiert?
- Wurden Sie von ihr kritisiert? Wenn ja, wofür?
- In welchen Situationen hat Ihr Vater Sie kritisiert?
- Hat er sich selbst kritisiert?
- Wie hat Ihr Vater Sie kritisiert?
- War es in Ihrer Familie üblich, sich gegenseitig zu kritisieren? Wenn ja, wie und wann haben Ihre Familienmitglieder dies getan?

- Wann wurden Sie zum ersten Mal kritisiert?
- Wie hat Ihre Familie Ihre Nachbarn beurteilt?

Beantworten Sie nun die folgenden Fragen und schreiben Sie Ihre Antworten auf:

- Hatten Sie in der Schule liebevolle, unterstützende Lehrer, oder wiesen diese Sie immer nur auf das hin, was Sie noch nicht konnten? Was haben sie zu Ihnen gesagt?
- Wird für Sie ersichtlich, woher Ihr Kritikverhalten stammen könnte? Wer war in Ihrer Kindheit die kritischste Person?

Lesen Sie nun Ihre Antworten noch einmal durch und denken Sie darüber nach. Ich glaube, dass Kritik unseren Geist verkümmern lässt. Sie bestärkt uns nur in dem Glauben, dass wir »nicht gut genug« sind. Sie bringt sicherlich nicht das Beste in uns zum Vorschein.

Übung: Unterstützen Sie Ihr inneres Kind

Damit ein Kind wachsen und sich entfalten kann, braucht es Liebe, Akzeptanz und Lob. Wir können lernen, wie wir etwas »besser« machen können, ohne das, was wir jetzt tun, als »falsch« zu bezeichnen. Das Kind in Ihnen braucht diese Liebe und Anerkennung immer noch. Richten Sie die folgenden positiven Aussagen an Ihr inneres Kind:

- Ich liebe dich und weiß, dass du das Bestmögliche tust.
- Du bist perfekt, so wie du bist.
- Du wirst jeden Tag noch wunderbarer.
- Ich akzeptiere dich.
- Suchen wir nach einem Weg, um das noch besser zu schaffen.
- Wachsen und sich verändern macht Spaß, und zwar gemeinsam.

Solche Worte hören Kinder gern. Sie fühlen sich dadurch wohl. Und wenn sie sich wohlfühlen, geben sie ihr Bestes. Sie entfalten sich prächtig. Sollten Ihr Kind oder Ihr inneres Kind ständig hören, dass es etwas »falsch« macht, kann es eine Weile dauern, bis es die neuen, positiven Worte annimmt. Mit dem festen Entschluss, konsequent keine Selbstkritik mehr zu üben, können Sie wahre Wunder bewirken.

Sprechen Sie einen Monat lang auf positive Art und Weise mit Ihrem inneren Kind. Verwenden Sie dazu die oben aufgeführten Affirmationen oder schreiben Sie Ihre eigenen auf. Tragen Sie das Blatt mit diesen Affirmationen bei sich. Wenn Sie bemerken, dass Sie wieder anfangen zu urteilen, nehmen Sie das Blatt heraus und lesen es zwei- oder dreimal. Oder noch besser: Sprechen Sie die Affirmationen laut vor einem Spiegel.

Übung: Ihr kritisches Selbst

Während Kritik Sie innerlich zermürbt und nichts verändert, baut Lob Sie auf und kann positive Veränderungen bewirken. Schreiben Sie zwei Dinge auf, die Sie an sich selbst kritisieren, wenn es um Themen wie »Liebe« und »Nähe« geht. Vielleicht trauen Sie sich nicht, anderen zu sagen, wie Sie sich fühlen oder was Sie brauchen. Vielleicht haben Sie Angst vor Beziehungen, oder Sie ziehen Partner an, die Sie verletzen. Dann überlegen Sie sich etwas, wofür Sie sich in dieser Hinsicht loben können, zum Beispiel:

> *Ich kritisiere mich dafür,* dass ich mir Menschen aussuche, die mir nicht geben können, was ich brauche, und dass ich in Beziehungen klammere.
> *Ich lobe mich dafür,* dass es mir gelingt, jemandem zu sagen, dass ich ihn/sie mag (das hat mir früher Angst bereitet, aber ich habe es trotzdem getan), und dass ich mir erlaube, meine Liebe und Zuneigung offen zu zeigen.

Überlegen Sie nun, was Sie in anderen Bereichen an sich selbst kritisieren und wofür Sie sich loben können.

Herzlichen Glückwunsch! Sie haben soeben damit begonnen, eine weitere alte Gewohnheit abzulegen! Sie lernen, sich selbst zu loben – in diesem Moment. Und Kraft hat man immer im gegenwärtigen Moment.

Übung: Spiegelarbeit

Spiegelarbeit ist einfach und sehr wirkungsvoll. Sie besteht schlicht darin, in einen Spiegel zu schauen, wenn Sie Ihre Affirmationen aussprechen. Der Spiegel reflektiert Ihre wahren Gefühle. In Ihrer Kindheit erhielten Sie die meisten negativen Botschaften von Erwachsenen, und viele von ihnen blickten Ihnen dabei direkt in die Augen und zeigten vielleicht sogar mit dem Finger auf Sie.

Wenn wir heute in einen Spiegel schauen, sagen wir uns meist etwas Negatives. Entweder kritisieren wir unser Aussehen, oder wir beschimpfen uns für etwas anderes.

Sehen Sie sich selbst in die Augen und sagen Sie etwas Positives – das ist eine der einfachsten und effizientesten Methoden, um mit Affirmationen positive Ergebnisse zu erzielen. Denken Sie also gerade jetzt an eine Person, auf die Sie wütend sind. Setzen Sie sich vor einen Spiegel und legen Sie ein paar Taschentücher bereit. Sehen Sie sich in die Augen und »sehen« Sie die andere Person. Sagen Sie ihr, was Sie so wütend macht.

Danach sagen Sie: »In Wirklichkeit wünsche ich mir deine Liebe und Anerkennung.« Wir alle sehnen uns nach Liebe und Anerkennung. Das wünschen wir uns von anderen, und das möchte auch jeder von uns. Liebe und Anerkennung bringen Harmonie in unser Leben.

Um frei zu sein, müssen Sie Ihre alten einschränkenden Gewohnheiten loslassen. Schauen Sie also noch einmal in den Spiegel und sagen Sie sich: »Ich bin bereit, das Bedürfnis loszulassen, wütend zu sein.« Beobachten Sie, ob Sie wirklich bereit sind loszulassen oder ob Sie an der Vergangenheit festhalten.

Affirmationen gegen Selbstkritik

Sprechen Sie die folgenden Affirmationen täglich, und zwar möglichst oft, zum Beispiel beim Autofahren, bei der Arbeit, beim Blick in den Spiegel oder immer dann, wenn Sie spüren, dass Ihre negativen Glaubenssätze auftauchen:

- Jeder tut das Beste, was er kann, auch ich.
- Ich lasse das Bedürfnis los, andere zu kritisieren.
- Ich spreche nur positiv über die Menschen in meinem Umfeld. Negativität hat in meinem Leben nichts zu suchen.
- Jeden Tag lerne ich mehr dazu.
- Ich erlaube mir mehr Freiheit in Bezug auf meine Gefühle.
- Ein angemessener Ausdruck von Wut ist gesund.
- Ich drücke meine Wut an geeigneter Stelle und auf angemessene Weise aus.

- Ich gebe mir selbst die Erlaubnis, meine Gefühle zuzulassen.
- Alle meine Emotionen sind willkommen.
- Ich tröste mein inneres Kind, und wir sind in Sicherheit.
- Ich bin mit all meinen Gefühlen in Sicherheit.
- Je ehrlicher ich bin, desto mehr werde ich geliebt.
- Meine Meinung wird geschätzt.
- Ich respektiere andere dafür, dass sie anders sind, denn sie sind nicht »falsch«. Wir sind alle eins.
- Ich bin bereit, alle Formen von Kritik loszulassen.

TAG 7

Die Vergangenheit loslassen

Heute wollen wir uns Affirmationen ansehen, die uns helfen, die Vergangenheit loszulassen und neu anzufangen. Das Geschehene liegt hinter uns und kann nicht mehr geändert werden. Der einzige Moment, den wir erleben können, ist das Hier und Jetzt. Und wenn wir über das Vergangene jammern, durchleben wir die Erinnerung daran in diesem Moment und verpassen dadurch den gegenwärtigen Moment.

Viele Menschen wenden sich an mich und klagen darüber, den aktuellen Tag nicht genießen zu können, da in der Vergangenheit irgendetwas vorgefallen ist. Nur weil sie früher etwas nicht oder nicht auf eine bestimmte Weise getan haben, können sie heute kein erfülltes Leben führen. Weil sie etwas nicht mehr haben, was sie in der Vergangenheit hatten oder hätten haben können, sind sie heute nicht in der Lage, sich zu freuen. Weil sie damals verletzt wurden, können sie heute keine Liebe annehmen – und so weiter. Diese negativen Aussagen bewirken nur, dass sie nicht imstande sind, ihr Leben im Hier und Jetzt zu genießen.

Es folgen nun einige weitere konkrete Beispiele. Kommt Ihnen etwas davon bekannt vor?

- Weil ich bei meinem ersten Bewerbungsgespräch schlecht abgeschnitten habe, werde ich für immer Angst vor Bewerbungsgesprächen haben.
- Weil ich nicht mehr verheiratet bin, habe ich heute kein erfülltes Leben mehr.
- Weil ich einmal durch eine Bemerkung verletzt wurde, werde ich nie wieder jemandem vertrauen.
- Weil ich einmal etwas habe »mitgehen lassen«, muss ich mich für immer bestrafen.
- Weil ich als Kind arm war, werde ich es nie zu etwas bringen.

Leider weigern wir uns oft zu erkennen, dass das Festhalten an der Vergangenheit – egal um was es sich handelt oder wie schrecklich sie war – *uns nur schadet.* Es interessiert uns überhaupt nicht. Meistens ist es uns nicht einmal bewusst. Wir schaden uns nur selbst, wenn wir uns weigern, den Augenblick voll zu genießen.

Lassen Sie uns nun die Vergangenheit in unserem Kopf klären. Wir müssen die emotionale Bindung daran loslassen. Erlauben Sie den Erinnerungen, nur Gedankenspiele zu sein.

Ihre Erinnerung an die Kleidung, die Sie in der dritten Klasse trugen, ist in der Regel ohne emotionale Bindung. Es ist nur eine Erinnerung.

Das gilt auch für alle vergangenen Ereignisse in unserem Leben. Wenn wir loslassen, sind wir frei, um unsere ganze geistige Kraft einzusetzen, den gegenwärtigen Moment zu genießen und eine großartige Zukunft zu erschaffen.

Sie müssen sich nicht ständig für die Vergangenheit bestrafen.

- Schreiben Sie alles auf, was Sie loslassen wollen.
- Wie hoch ist Ihre Bereitschaft loszulassen? Achten Sie auf Ihre Gefühle und schreiben Sie sie auf.
- Was müssen Sie tun, um diese Dinge loszulassen? Wie bereit sind Sie dazu?
- Schreiben Sie für jedes Thema auf Ihrer Liste eine positive Affirmation auf, die Ihnen hilft, es loszulassen.

Übung: Loslassen

Diese Übung ist fast identisch mit der Übung »Loslassen« von Tag 5.

Atmen Sie beim Lesen dieser Übung tief ein und lassen Sie beim Ausatmen die Spannung aus Ihrem Körper weichen. Entspannen Sie Ihre Kopfhaut, Ihre Stirn und Ihr Gesicht. Ihr Kopf muss nicht angespannt sein, um zu lesen. Lockern Sie Ihre Zunge, Ihren Hals und Ihre Schultern. Entspannen Sie Ihren Rücken, Ihren Bauch und Ihr Becken. Lassen Sie Ihre Atmung zur Ruhe kommen, während Sie Ihre Beine und Füße entspannen.

Nehmen Sie eine spürbare Veränderung in Ihrem Körper wahr, seit Sie mit dem Lesen des vorherigen Absatzes begonnen haben? Sagen Sie in dieser entspannten, bequemen Position zu sich selbst: »Ich bin bereit loszulassen. Ich lasse los. Ich lasse los. Ich lasse alle Spannungen los. Ich lasse alle Ängste los. Ich lasse allen Ärger los. Ich lasse alle Schuldgefühle los. Ich lasse alle Traurigkeit los. Ich lasse alle alten Begrenzungen los. Ich lasse los, und ich bin in Frieden. Ich bin im Frieden mit mir selbst. Ich bin im Frieden mit dem Fluss des Lebens. Ich bin in Sicherheit.«

Wiederholen Sie diese Übung zwei- oder dreimal und immer dann, wenn Ihnen Probleme in den Sinn kommen. Es braucht ein wenig Training, bis sie zur Routine wird.

Versetzen Sie sich erst einmal in diesen friedlichen Zustand, dann fällt es Ihnen leicht, Ihre Affirmationen zu verinnerlichen. Sie werden offen und empfänglich für sie. Sie müssen sich nicht anstrengen oder stressen. Entspannen Sie sich einfach und denken Sie die passenden Gedanken. Ja, so einfach ist das.

Übung: Körperlich loslassen

Von Zeit zu Zeit müssen wir auch körperlich loslassen. Erlebnisse und Emotionen können sich im Körper festsetzen. Lautes Schreien im Auto bei geschlossenen Fenstern kann sehr befreiend sein, wenn Sie bisher verbale Äußerungen unterdrückt haben. Oder Sie treten gegen Ihr Bett oder schlagen in die Kissen – das ist eine weitere harmlose Art, wie Sie aufgestaute Wut oder Frust loswerden können. Falls Ihnen das unangenehm ist oder Sie Hemmungen haben, sich körperlich auszuagieren, sagen Sie sich: »Ich erlaube mir, meine Gefühle zuzulassen und frühere Erfahrungen loszulassen.« Sollte Ihnen all das nicht zusagen, dann machen Sie Sport, zum Beispiel Tennis oder Jogging.

Vor einiger Zeit hatte ich ein oder zwei Tage lang Schmerzen in meiner Schulter. Ich habe versucht, sie zu ignorieren, aber sie wollten nicht verschwinden. Schließlich habe ich mich hingesetzt und mich gefragt: »Was ist denn los? Was fühle ich?«

Ich erkannte: »Es fühlt sich an wie ein Brennen. Brennen … brennen … das bedeutet Wut. Worüber bist du denn so wütend?!«

Mir fiel nicht ein, worüber ich wütend war, also sagte ich: »Gut, dann wollen wir mal sehen, ob wir es herausfinden können.« Ich legte zwei große Kissen auf das Bett und begann, mit aller Kraft auf sie einzuschlagen.

Nach etwa zwölf Schlägen wurde mir klar, worüber ich wütend war. Es war ganz eindeutig. Also hieb ich noch fester auf die Kissen ein, machte ein paar Geräusche und ließ die Emotionen aus meinem Körper. Danach fühlte ich mich viel besser, und am nächsten Tag war meine Schulter wieder in Ordnung.

Affirmationen für das Loslassen der Vergangenheit

Sprechen Sie die folgenden Affirmationen täglich, und zwar möglichst oft, zum Beispiel beim Autofahren, bei der Arbeit, beim Blick in den Spiegel oder immer dann, wenn Sie spüren, dass Ihre negativen Glaubenssätze auftauchen:

- Die Vergangenheit ist abgeschlossen und kann nicht mehr verändert werden. Ich kann nur den gegenwärtigen Moment erleben.
- Ich entscheide mich jetzt dafür, alle negativen, destruktiven, ängstlichen Vorstellungen und Ge-

danken aus meinem Geist und meinem Leben zu verbannen.

- Es ist heilsam, meine Gefühle zu zeigen. Es ist ungefährlich für mich, verletzlich zu sein.
- Ich lasse das Bedürfnis los, andere zu beschuldigen, auch mich selbst.
- Mein Herz ist offen. Ich bin bereit, allen Widerstand loszulassen.
- Ich lasse meine Wut jetzt auf positive Weise los. Ich liebe und schätze mich selbst.
- Ich lasse alte Begrenzungen hinter mir und drücke mich jetzt frei und kreativ aus.
- Ich bin bereit, das Bedürfnis, mich wertlos zu fühlen, loszulassen. Ich entwickle mich zu all dem, wozu ich bestimmt bin.
- Es ist ungefährlich für mich, über die Grenzen meiner Eltern hinauszugehen. Ich bin frei, ich selbst zu sein.
- Ich lasse jetzt alle Kämpfe los und bin in Frieden.
- Ich lasse alle Einschränkungen los, die auf alten, negativen Gedanken beruhen. Ich blicke fröhlich in die Zukunft.
- Ich sage Nein zu jedem negativen Gedanken über die Vergangenheit, der mir in den Sinn kommt.
- Ich lasse alle Konkurrenzgefühle oder Vergleiche aus der Vergangenheit los.

TAG 8
Vergeben

Vergeben, unser heutiges Thema, fällt den meisten Menschen schwer. Wir alle müssen lernen zu vergeben. Dies betrifft alle, die sich nicht selbst lieben können. Vergebung öffnet unser Herz für die Selbstliebe. Viele hegen über Jahre hinweg einen Groll. Aufgrund der Verletzungen, die wir erlitten haben, sind wir sehr selbstgerecht. Ich nenne es »im Gefängnis des selbstgerechten Grolls festsitzen«. Wir wollen immer im Recht sein. Wir sind nie glücklich.

Ich kann Sie beinah sagen hören: »Aber Sie wissen ja gar nicht, was man mir alles angetan hat; das ist unverzeihlich.« Wenn Sie nicht bereit sind zu vergeben, tun Sie sich selbst nichts Gutes. Verbitterung ist so, als würden Sie jeden Tag einen Teelöffel Gift schlucken. Es reichert sich in Ihnen an und schadet Ihnen. Sie können nicht gesund und frei sein, wenn Sie an der Vergangenheit festhalten. Das Ereignis ist längst vorbei. Ja, es stimmt, dass Sie schlecht behandelt wurden. Aber das liegt hinter Ihnen. Vielleicht haben Sie auch das Gefühl, Sie würden die Verletzung, die man Ihnen zugefügt hat, durch Vergebung gutheißen.

Zu unseren wichtigsten spirituellen Lektionen zählt die Überzeugung, dass jeder Mensch zu jedem Zeitpunkt das Beste tut, was ihm jeweils möglich ist. Jeder kann nur das tun, was sein Verständnis, sein Bewusstsein und sein Wissen ihm ermöglichen. Wer andere misshandelt, wurde in der Regel selbst als Kind misshandelt. Je mehr Gewalt diese Person erfahren hat, desto größer ist ihr innerer Schmerz und desto mehr schlägt sie um sich. Das soll nicht heißen, dass dieses Verhalten in Ordnung oder zu entschuldigen ist. Im Interesse unseres eigenen spirituellen Wachstums sollten wir uns aber dieses Schmerzes bewusst sein.

Ein Vorfall liegt schon lange hinter Ihnen. Vielleicht schon seit langer Zeit. Lassen Sie ihn los. Erlauben Sie sich, frei zu sein. Verlassen Sie Ihr Gefängnis und treten Sie in den Sonnenschein des Lebens. Sollte dieser Vorfall Sie aber immer noch beschäftigen, dann fragen Sie sich, warum Sie eigentlich so schlecht über sich selbst denken. Warum halten Sie an dieser Situation fest? Verschwenden Sie keine Zeit mit dem

Versuch, sich »zu rächen«. Das klappt nicht. Denn was Sie aussenden, kehrt immer zu Ihnen zurück. Lassen Sie also die Vergangenheit ruhen und arbeiten Sie daran, sich selbst im Hier und Jetzt zu lieben. Dann steht Ihnen eine wunderbare Zukunft bevor.

Gerade der Mensch, dem Sie am schwersten vergeben können, erteilt Ihnen die wichtigsten Lektionen. Erst wenn Sie sich selbst genug lieben, um sich von der damaligen Situation zu lösen, fallen Ihnen Verständnis und Vergebung leicht. Und dann sind Sie frei. Macht Ihnen die Freiheit Angst? Fühlen Sie sich sicherer, wenn Sie in Ihrem alten Groll und in Ihrer Verbitterung bleiben?

Übung: Die Werte und Einstellungen Ihrer Familie

- War Ihre Mutter ein versöhnlicher Mensch?
- Und Ihr Vater?
- Wie reagierte Ihre Familie auf Verletzungen? Mit Verbitterung?
- Wie hat Ihre Mutter sich gerächt?
- Und Ihr Vater?
- Wie rächen Sie sich?
- Fühlen Sie sich gut, wenn Sie sich gerächt haben?
- Woher kommt dieses Gefühl?

Es ist ein interessantes Phänomen, dass durch die eigene Vergebungsarbeit häufig Reaktionen bei den Betroffenen ausgelöst werden. Sie müssen ihnen gar nicht sagen, dass Sie ihnen verzeihen. Vielleicht würden Sie das gern tun, aber es ist nicht notwendig. Denn Vergebung findet in Ihrem Herzen statt.

Beim Vergeben geht es nur in den seltensten Fällen um die anderen – wir tun uns damit selbst etwas Gutes. Vielleicht ist der Mensch, dem Sie vergeben, sogar schon tot.

Ich kenne viele Fälle, in denen jemand einer bestimmten Person aufrichtig vergeben hat und ein oder zwei Monate später einen Anruf oder einen Brief von genau diesem Menschen erhielt mit der Bitte um Verzeihung. Dies scheint vor allem dann zuzutreffen, wenn Sie die Vergebungsübungen vor dem Spiegel praktizieren. Achten Sie also bei dieser Übung darauf, wie intensiv Ihre Gefühle sein können.

Übung: Spiegelarbeit

Die Spiegelübung wird häufig als unangenehm empfunden, und vielleicht möchten auch Sie lieber auf sie verzichten. Ich bin aber der festen Überzeugung, dass Sie am meisten davon profitieren, wenn Sie diese Übung vor einem Spiegel durchführen. Ich persönlich nutze gern den großen Ankleidespiegel an der Rückseite meiner Schlafzimmertür. Dort mache ich es mir mit einer Packung Taschentücher gemütlich.

Nehmen Sie sich Zeit für diese Übung oder wiederholen Sie sie regelmäßig. Wahrscheinlich gibt es mehrere Menschen, denen Sie zu vergeben haben.

Setzen Sie sich vor Ihren Spiegel. Schließen Sie die Augen und atmen Sie ein paarmal tief durch. Denken Sie an all die Leute, von denen Sie im Laufe Ihres Lebens verletzt wurden. Dann lassen Sie sie in Gedanken an sich vorbeiziehen. Öffnen Sie jetzt die Augen und sprechen Sie mit einem von ihnen.

Etwa so: »Du hast mich tief verletzt. Aber ich will nicht länger an der Vergangenheit festhalten. Ich bin bereit, dir zu vergeben.« Atmen Sie durch und sagen Sie dann: »Ich vergebe dir und lass dich gehen.« Holen Sie noch einmal tief Luft und sagen Sie: »Du bist frei, und ich bin frei.«

Wie fühlen Sie sich dabei? Empfinden Sie Widerstand? Oder haben Sie das Gefühl, frei zu sein? Sollten Sie Widerstand wahrnehmen, atmen Sie durch und sagen Sie: »Ich bin bereit, allen Widerstand loszulassen.«

Vielleicht schaffen Sie es an einem Tag, mehreren Personen zu vergeben. Oder es gelingt nur mit einer. Das spielt keine Rolle. Diese Übung tut Ihnen auf jeden Fall gut. Stellen Sie sich Vergeben wie das Entfernen der verschiedenen Schichten einer Zwiebel vor. Falls es zu viele Schichten sind, legen Sie die Zwiebel für einen Tag beiseite. Sie können jederzeit weitermachen und die nächsten Schichten lösen. Loben Sie sich für Ihre Bereitschaft, diese Übung überhaupt zu machen.

Sie können die Liste der Personen, denen Sie vergeben möchten, jederzeit erweitern. Das können sein:

- Familienmitglieder,
- Lehrkräfte,
- Schulkameraden,
- Partnerinnen oder Partner,
- Freunde,
- Arbeitskolleginnen oder -kollegen,
- Behörden oder Beamte,
- Kirchenmitglieder oder -vertreter,
- medizinisches Fachpersonal,
- andere Autoritätspersonen,
- Gott,
- Sie selbst.

Vergeben Sie vor allem sich selbst. Gehen Sie nicht so hart mit sich ins Gericht. Selbstbestrafung ist nicht nötig. Sie haben das Beste getan, was Sie tun konnten.

Je öfter Sie diese Übung durchführen, desto mehr Lasten werden von Ihren Schultern abfallen. Vielleicht sind Sie überrascht, wie viel alten Ballast Sie mit sich herumtragen. Seien Sie sanft zu sich selbst, während Sie den Reinigungsprozess durchlaufen.

Affirmationen für Vergebung

Sprechen Sie die folgenden Affirmationen täglich, und zwar möglichst oft, zum Beispiel beim Autofahren, bei der Arbeit, beim Blick in den Spiegel oder immer dann, wenn Sie spüren, dass Ihre negativen Glaubenssätze auftauchen:

- Heute ist ein besonderer Moment. Ich kann jetzt loslassen.
- Ich übernehme die Verantwortung für mein eigenes Leben. Ich bin frei.
- Ich lerne, zu vergeben und loszulassen. Mein Ziel ist innerer Frieden.
- Die Menschen tun das Beste, was sie können, mit dem Wissen, dem Verständnis und dem Bewusstsein, das sie zu diesem Zeitpunkt haben.
- Ich bin jetzt erwachsen, und ich kümmere mich liebevoll um mein inneres Kind.
- Ich vergebe anderen und gestalte mein Leben jetzt so, wie ich es mir wünsche.
- Mein spirituelles Wachstum ist nicht von anderen abhängig.
- Wenn ich vergebe, fühle ich mich frei und leicht.

- Ich befreie mich aus meinem Gefängnis. Ich bin sicher und frei.
- Es ist ermutigend, zu vergeben und loszulassen.
- Es gibt kein Richtig oder Falsch. Ich lasse meine Bewertungen los.
- Ich bin bereit, meine Begrenzungen zu durchbrechen.
- Meine Eltern haben mich so behandelt, wie sie selbst behandelt wurden. Ich vergebe ihnen – und auch ihren Eltern.
- Ich weigere mich, mich selbst einzugrenzen. Ich bin immer bereit, den nächsten Schritt zu tun.
- Ich erlaube mir loszulassen.

TAG 9

Gesundheit

Gesundheit ist ein äußerst wichtiges Thema, weshalb wir uns in den nächsten beiden Tagen eingehend damit befassen werden.

Ich glaube, dass wir in einem »Ja«-Universum leben. Ganz gleich, was wir glauben oder denken, das Universum sagt immer Ja zu uns. Wir wollen also denken und glauben, dass wir das Recht haben, gesund zu sein, dass Gesundheit für uns naturgegeben ist. Das Universum wird diese Überzeugung unterstützen und Ja zu ihr sagen. Seien Sie ein »Ja«-Mensch und machen Sie sich bewusst, dass Sie in einer »Ja«-Welt leben, in der das Universum mit einem Ja auf uns reagiert.

Machen Sie sich bewusst, dass Ihr Körper immer versucht, einen optimalen Gesundheitszustand aufrechtzuerhalten, auch wenn Sie ihn noch so schlecht behandeln. Wenn Sie sich gut um Ihren Körper kümmern, wird er Sie mit strahlender Gesundheit und Energie belohnen.

Ich glaube, dass wir zu jeder »Krankheit« unseres Körpers selbst etwas beitragen. Der Körper ist, wie alles andere im Leben, ein Spiegel unserer inneren Gedanken und Überzeugungen. Unser Körper spricht immer zu uns, wenn wir uns nur die Zeit nehmen zuzuhören. Jede Zelle in unserem Körper antwortet auf jeden einzelnen Gedanken.

Wenn wir erkennen, welches Denkmuster hinter einer Krankheit steckt, können wir dieses Muster und damit auch die Krankheit ändern. Die meisten Menschen wollen gar nicht bewusst krank sein, und doch dient jede Erkrankung als Lehrmeister. Krankheit ist der Weg des Körpers, uns mitzuteilen, dass in unserem Bewusstsein falsche Vorstellungen existieren. Etwas, was wir glauben, sagen, tun oder denken, dient nicht unserem höchsten Wohl. Ich stelle mir vor, dass der Körper uns aufrüttelt und zuruft: »Pass bitte auf dich auf!«

Natürlich gibt es auch Menschen, die krank sein wollen. Wir haben Krankheit in unserer Gesellschaft zu einem legitimen Mittel gemacht, um Verantwortung oder unangenehme Situationen zu umgehen. Wenn wir nicht lernen, Nein zu sagen, dann müssen wir wohl eine Krankheit erfinden, die das für uns erledigt.

Vor einiger Zeit las ich einen interessanten Artikel, in dem stand, dass nur 30 Prozent der Patienten und Patientinnen die Anweisungen des medizinischen Fachpersonals befolgen. Laut Dr. John Harrison, Verfasser des bemerkenswerten Buchs *Love Your Disease* (dt. *Liebe deine Krankheit*), gehen viele Menschen nur zum Arzt, um ihre akuten Symptome zu lindern – damit sie ihre Krankheit besser ertragen können. Es scheine, als gäbe es eine ungeschriebene, unbewusste Vereinbarung zwischen Arzt und Patient: Der Arzt erkläre sich bereit, seine Patienten nicht zu heilen, wenn sie so täten, als unternähmen sie etwas gegen ihre Krankheit. Auch bei dieser stillschweigenden Übereinkunft werde eine Person bezahlt, und die andere werde zur Autoritätsfigur … und damit seien dann beide Seiten zufrieden.

Wahre Heilung umfasst Körper, Geist und Seele. Meiner Meinung nach wird sich eine Krankheit erneut bemerkbar machen, wenn wir zwar die Symptome »heilen«, uns aber nicht um die emotionalen und spirituellen Probleme kümmern, die sich dahinter verbergen.

Übung: Lassen Sie Ihre Gesundheitsprobleme los

Sind Sie bereit, das Bedürfnis dahinziehen zu lassen, das zu Ihren Gesundheitsproblemen beigetragen hat? Auch hier gilt: Wenn Sie ein Problem haben, das Sie ändern möchten, sagen Sie als Erstes: »Ich bin bereit, das Bedürfnis in mir loszulassen, das zu diesem Zustand beigetragen hat.« Wiederholen Sie den Satz. Schauen Sie in den Spiegel und wiederholen Sie den Satz noch einmal. Immer wenn Sie an Ihren Gesundheitszustand denken, sprechen Sie diesen Satz aus. Das ist der erste Schritt, um eine Veränderung herbeizuführen. Tun Sie nun Folgendes:

- Schreiben Sie alle Krankheiten Ihrer Mutter auf.
- Schreiben Sie alle Krankheiten Ihres Vaters auf.
- Schreiben Sie alle Ihre Krankheiten auf.
- Erkennen Sie einen Zusammenhang?

Übung: Gesundheit und Krankheit

Betrachten wir einige Ihrer Glaubenssätze über Gesundheit und Krankheit. Beantworten Sie die folgenden Fragen so offen und ehrlich wie möglich:

- Woran erinnern Sie sich im Zusammenhang mit Ihren Kinderkrankheiten?
- Was haben Sie von Ihren Eltern über Krankheiten gelernt?
- Was hat Ihnen als Kind daran gefallen, krank zu sein, wenn überhaupt?
- Gibt es einen Glaubenssatz über Krankheiten aus Ihrer Kindheit, an dem Sie heute noch festhalten?
- Was haben Sie für Ihren Gesundheitszustand getan?
- Würden Sie sich wünschen, dass sich Ihr Gesundheitszustand ändert? Wenn ja, in welcher Hinsicht?

Übung: Ihre Glaubenssätze über Krankheit

Vervollständigen Sie die folgenden Sätze so ehrlich wie möglich:

- Ich werde krank, indem ich …
- Ich werde krank, wenn ich versuche, … zu vermeiden.
- Wenn ich krank werde, möchte ich immer …
- Wenn ich in meiner Kindheit krank war, hat meine Mutter stets …
- Wenn ich krank bin, ist meine größte Angst, dass …

Übung: Die Kraft von Affirmationen verstärken

Durch das Aufschreiben einer Affirmation kann sich ihre Wirkung verstärken. Deshalb möchte ich Sie bitten, eine positive Affirmation über Ihre Gesundheit 25-mal aufzuschreiben. Sie können Ihre eigene Affirmation formulieren oder eine der folgenden verwenden:

- Ich bin bereits auf dem Weg der Heilung.
- Ich verdiene eine gute Gesundheit.
- Ich höre mit Liebe auf die Botschaften meines Körpers.
- Meine Gesundheit ist jetzt strahlend, kraftvoll und energiegeladen.
- Ich bin dankbar für meine vollkommene Gesundheit.

Übung: Gesundheit verdient haben

Sehen wir uns nun Ihr Selbstwertgefühl in Bezug auf Ihre Gesundheit an. Beantworten Sie die folgenden Fragen und formulieren Sie anschließend eine positive Affirmation, wenn Sie eine negative Antwort gegeben haben.

1. Verdiene ich eine stabile Gesundheit?

Beispiel-Antwort: Nein. Krankheiten liegen in meiner Familie.

Beispiel-Affirmation: Ich verdiene und akzeptiere jetzt völlige Gesundheit.

2. Was befürchte ich am meisten im Hinblick auf meine Gesundheit?

Beispiel-Antwort: Ich habe Angst, dass ich krank werde und sterbe.

Beispiel-Affirmation: Ich bin sicher, dass ich jetzt gesund bin. Ich werde immer geliebt.

3. Was habe ich von dieser Einstellung?

Beispiel-Antwort: Ich muss keine Verantwortung übernehmen oder muss nicht arbeiten gehen.

Beispiel-Affirmation: Ich bin zuversichtlich und sicher. Das Leben fällt mir leicht.

4. Was könnte passieren, wenn ich diesen Glaubenssatz loslasse?

Beispiel-Antwort: Ich werde erwachsen werden müssen.

Beispiel-Affirmation: Es ist sicher für mich, erwachsen zu sein.

Affirmationen für Ihre Gesundheit

Sprechen Sie die folgenden Affirmationen täglich, und zwar möglichst oft, zum Beispiel beim Autofahren, bei der Arbeit, beim Blick in den Spiegel oder immer dann, wenn Sie spüren, dass Ihre negativen Glaubenssätze auftauchen:

- Mein Körper wird schnell wieder gesund.
- Mein Körper ist für dieses Leben wie geschaffen.
- Ich liebe jede Zelle meines Körpers.
- Ich bin voller Energie und Enthusiasmus.
- Ich bin gesund und heil und voller Freude.
- Ich bin heute kerngesund. Ich lasse die Vergangenheit los.
- Ich gehe in mich und verbinde mich mit dem Teil von mir, der weiß, wie ich gesund werden kann.
- Ich bin die einzige Person, die meine Essgewohnheiten unter Kontrolle hat. Ich kann stets auf etwas verzichten, wenn ich das will.
- Der schnellste Weg zur Gesundheit ist die Beschäftigung mit positiven Gedanken.
- Ich lasse Leben und Lebensfreude durch mich strömen.

- Ich bin dankbar für meinen gesunden Körper. Ich liebe das Leben.
- Mein Körper nutzt die Zeit der Entspannung, um sich zu erholen und sich zu verjüngen. Je mehr ich mich entspanne, desto gesünder bin ich.
- Ich mache ausgedehnte Spaziergänge im Sonnenschein, um meinen Körper und meine Seele zu beleben.
- Ich gehe sanft mit meinem Körper um. Ich liebe mich selbst.
- Ich erlaube mir, gesund zu sein.

TAG 10

Weitere Gedanken über die Gesundheit

Gestern haben wir uns angesehen, wie sich unsere Glaubenssätze über Krankheit auf unsere Gesundheit auswirken. Heute erfahren Sie, wie wir unsere Gesundheit durch die Macht unserer Gedanken positiv beeinflussen können.

Um Ihre Gesundheit zu erhalten, sollten Sie bestimmte Dinge auf keinen Fall tun. Seien Sie zum Beispiel nicht wütend auf Ihren Körper, egal aus welchem Grund. Wut ist ja eine Affirmation, mit der Sie Ihrem Körper sagen, dass Sie ihn oder einen Teil von ihm verabscheuen. Ihre Zellen registrieren jeden einzelnen Ihrer Gedanken sehr genau. Betrachten Sie Ihren Körper als einen Diener, der sein Bestes leistet, damit Sie bei völliger Gesundheit bleiben, wie auch immer Sie ihn behandeln.

Ihr Körper weiß, wie er sich selbst heilen kann. Wenn Sie ihm gesunde Nahrungsmittel und Getränke zuführen, ihm Bewegung und ausreichend Schlaf gönnen und gute Gedanken haben, dann fällt ihm die Arbeit leicht. Die Zellen arbeiten in einer glücklichen, gesunden Atmosphäre. Gehen Sie aber nie an die frische Luft, stopfen Sie sich voll mit Junkfood und gesüßten Getränken, schlafen Sie zu wenig und sind permanent gereizt und schlecht gelaunt, dann haben es Ihre Körperzellen schwer, denn sie befinden sich in einer ungesunden Atmosphäre. Sollte das der Fall sein, brauchen Sie sich nicht zu wundern, wenn Ihr Organismus nicht so gesund ist, wie Sie es gern hätten.

Eine gute Gesundheit erreichen Sie nicht, indem Sie über Krankheiten reden oder nachdenken. Gute Gesundheit wird durch Liebe und Wertschätzung erreicht. Schenken Sie Ihrem Körper so viel Liebe, wie Sie nur können. Sprechen Sie mit ihm und streicheln Sie ihn auf liebevolle Weise. Behandeln Sie ihn so liebevoll wie ein kleines Kind, falls Sie erkrankt sind. Sagen Sie ihm, wie sehr Sie ihn lieben und dass Sie sich nach Kräften bemühen, damit er schnell wieder gesund wird.

Es reicht nicht aus, sich bei einer Erkrankung vom

Arzt ein Medikament gegen die Symptome verschreiben zu lassen. Denn mit diesen erkennbaren Krankheitsanzeichen signalisiert Ihr Körper Ihnen nur, dass Sie irgendetwas tun, was nicht gut für Ihren Organismus ist, beziehungsweise dass ein tiefer liegendes Problem vorliegt. Informieren Sie sich über Gesundheitsfragen – je besser Sie Bescheid wissen, desto leichter fällt es Ihnen, auf Ihren Körper zu achten. Sie möchten sich doch bestimmt nicht in der Opferrolle sehen. Damit würden Sie nur Ihre Kräfte verschwenden. Kaufen Sie sich Gesundheitsratgeber oder lassen Sie sich von einer Ernährungsfachkraft eine ausgewogene Ernährung zusammenstellen. Ganz egal, was Sie tun: Sorgen Sie für eine gesunde, glückliche mentale Atmosphäre. Auf diese Weise tragen Sie aktiv zu Ihrer eigenen Gesundheit bei, statt sie durch negative Gedanken und abträgliche Verhaltensweisen zu konterkarieren.

Der Körper ist, wie alles andere im Leben, ein Spiegel unserer Gedanken und Glaubenssätze. Er spricht ständig zu uns; wir müssen uns nur die Zeit nehmen, genau hinzuhören. Jede Zelle unseres Körpers reagiert auf jeden einzelnen Gedanken und auf jedes Wort, das wir aussprechen. Die Art und Weise unserer unablässig ablaufenden Gedanken und Gespräche führen zu körperlichen Reaktionen – entweder zu Wohlbefinden oder zu Beschwerden. Wer ständig ein finsteres Gesicht zieht, hat keine fröhlichen, liebevollen Gedanken. An den Gesichtern und am Körper älterer Menschen kann man die Denkmuster eines ganzen Lebens ablesen. Wie werden Sie im Alter wohl mal aussehen?

Lernen Sie zu akzeptieren, dass Ihr Leben keine Aneinanderreihung von Zufällen ist, sondern ein Weg des Erwachens. Nehmen Sie sich vor, jeden Tag in diesem Sinne zu gestalten, und Sie werden nie wirklich alt werden. Im Gegenteil, Sie werden immer weiter wachsen. Stellen Sie sich beispielsweise Ihren 49. Geburtstag als den ersten Tag Ihres neuen Lebens vor. Eine Frau, die heute fünfzig Jahre alt wird und weder an Krebs noch an einer Herzerkrankung leidet, kann damit rechnen, 92 Jahre alt zu werden. Sie und nur Sie haben die Möglichkeit, Ihren eigenen Lebenszyklus zu gestalten. Ändern Sie also jetzt Ihr Denken und legen Sie los! Es gibt einen sehr wichtigen Grund, warum Sie hier sind, und alles, was Sie dazu benötigen, steht Ihnen zur Verfügung.

Sie können sich dafür entscheiden, entweder krank machende Gedanken zu hegen oder durch positives Denken eine gesunde Atmosphäre in sich selbst und um Sie herum zu schaffen. (Mein Buch *Heile deinen Körper* bietet einen ausführlichen Überblick über die metaphysischen Ursachen von Krankheiten sowie alle Affirmationen, die Ihnen dabei helfen, Ihr Leiden zu besiegen.)

Weitere Affirmationen für Ihre Gesundheit

Sprechen Sie die folgenden Affirmationen täglich, und zwar möglichst oft, zum Beispiel beim Autofahren, bei der Arbeit, beim Blick in den Spiegel oder immer dann, wenn Sie spüren, dass Ihre negativen Glaubenssätze auftauchen:

- Ich esse gern Nahrungsmittel, die meinem Körper guttun.
- Ich sehe einem gesunden Alter entgegen, weil ich mich jetzt liebevoll um meinen Körper kümmere.
- Ich entdecke ständig neue Möglichkeiten, um meine Gesundheit zu stärken.
- Ich halte meinen Körper gesund, indem ich ihm auf allen Ebenen das gebe, was er braucht.
- Ich bin schmerzfrei und völlig im Einklang mit dem Leben.
- Die Heilung tritt ein! Ich schalte meinen Verstand aus und erlaube der Intelligenz meines Körpers,

seine Heilungsarbeit auf ganz natürliche Weise zu erledigen.

- Mein Leben ist geprägt von der Balance zwischen Arbeit, Erholung und Spaß. Ich widme jedem Bereich gleich viel Zeit.
- Ich bin bereit, um Hilfe zu bitten, wenn ich sie brauche. Ich wähle immer die Spezialisten, die für meine Bedürfnisse am besten geeignet sind.
- Ich atme tief und kräftig ein und aus. Ich nehme den Atem des Lebens in mich auf und fühle mich gestärkt.
- Ich schlafe jede Nacht ausreichend. Mein Körper weiß es zu schätzen, wie ich mich um ihn kümmere.
- Liebevoll tue ich alles, um die Gesundheit meines Körpers aufrechtzuerhalten.
- Vollkommene Gesundheit ist mein göttliches Recht, und ich nehme es jetzt in Anspruch.
- Ich bringe einen Teil meiner Zeit auf, um anderen zu helfen. Das ist gut für meine eigene Gesundheit.
- Wasser ist mein Lieblingsgetränk. Ich trinke viel Wasser, um meinen Körper und meinen Geist zu klären.
- Meine glücklichen Gedanken tragen zu meiner körperlichen Gesundheit bei.

TAG 11

Selbstliebe

Immer wieder stelle ich fest, dass es bei allen Problemen in erster Linie darum geht, sich selbst zu lieben. Das ist unser Thema für heute. Mit der Arbeit an unserer Selbstliebe lassen sich Probleme fast automatisch lösen. Können Sie sich an die Momente Ihres Lebens erinnern, in denen es Ihnen richtig gut ging und alles wie von selbst zu laufen schien? Oder denken Sie an die Zeiten, in denen Sie verliebt waren und in denen es für Sie keine Probleme gab. Tja, auch die Liebe zu sich selbst wird Ihnen eine solche Welle des Glücks und der positiven Gefühle bescheren, dass Sie über den Wolken schweben. Wer sich selbst liebt, *fühlt sich gut.*

Wirklich lieben können Sie sich aber nur, wenn Sie sich annehmen und akzeptieren. Das bedeutet, dass Sie keinerlei Kritik an sich selbst üben dürfen.

Ich kann Ihre Einwände gegen diese Aussage direkt hören: »Aber ich habe mich doch immer kritisiert«, »Wie soll ich mich denn selbst mögen?«, »Meine Eltern/Lehrer/Partner haben mich doch auch immer kritisiert«, »Wie soll das denn gehen?«, »Ich finde das falsch«, »Wie soll ich mich denn sonst ändern, wenn ich mich nicht selbst kritisiere?« ...

Solche Sätze sind nur das immer gleiche Geplapper unseres Verstandes. Merken Sie, wie sehr Sie Ihren Verstand darauf trainiert haben, sich selbst zu beschimpfen und Veränderungen abzublocken? Ignorieren Sie diese Gedanken einfach und machen Sie mit der wichtigen Arbeit weiter, die vor Ihnen liegt!

Lassen Sie uns zu einer Übung zurückkehren, die wir bereits an Tag 3 gemacht haben. Schauen Sie noch einmal in den Spiegel und sagen Sie sich: »Ich akzeptiere mich selbst.« Wie fühlt sich das jetzt an? Fällt Ihnen dieser Satz nach unserer bisherigen Arbeit etwas leichter? Denn darin besteht nach wie vor Ihre Hauptaufgabe: Selbstbejahung und Selbstakzeptanz als Schlüssel zu positiven Veränderungen zu entwickeln.

Zur Selbstakzeptanz gehört auch, dass Sie die Meinung anderer loslassen. Angenommen, ich würde Ihnen pausenlos einreden: »Sie sind ein lila Schwein, Sie sind ein lila Schwein.« Sie würden mich entweder auslachen oder sich über mich ärgern und mich für verrückt halten. Sie würden mir ziemlich sicher nicht glauben. Vieles, was wir über uns selbst glauben, ist genauso weit hergeholt und unwahr. Anzunehmen, Ihr Selbstwert hänge vom Aussehen Ihres Körpers ab, ist genauso absurd wie die Behauptung »Sie sind ein lila Schwein«.

Was unserer Meinung nach nicht mit uns »stimmt«, ist in Wirklichkeit ein Ausdruck unserer ureigenen Persönlichkeit. Sie macht uns zu einzigartigen Menschen und zu etwas ganz Besonderem. Die Natur wiederholt sich nämlich nie. Seit Anbeginn der Zeit hat es auf diesem Planeten noch nie zwei identische Schneeflocken oder Regentropfen gegeben. Und jedes einzelne Gänseblümchen unterscheidet sich von allen anderen. Unsere Fingerabdrücke sind individuell, und wir sind es auch. Wir sind dazu bestimmt, einzigartig zu sein. Wenn wir dies akzeptieren können, dann brauchen wir nicht mit anderen zu konkurrieren und uns zu vergleichen. Die Seele verkümmert, wenn wir versuchen, so zu sein wie andere. Wir sind hier auf diesem Planeten, um das zum Ausdruck zu bringen, was *uns* auszeichnet.

Ich hatte keine Ahnung, was für ein Mensch ich bin, bis ich gelernt hatte, mich so zu lieben, wie ich im jeweils aktuellen Moment bin.

Übung: Ich liebe mich selbst

Schreiben Sie auf ein Blatt Papier den Satz »Ich liebe mich selbst, deshalb …«.

Vervollständigen Sie diesen Satz möglichst oft. Lesen Sie ihn jeden Tag und ergänzen Sie ihn um weitere Sätze zu einer Liste, wenn Ihnen etwas Neues einfällt.

Diese Übung können Sie auch mit Ihrer Partnerin oder Ihrem Partner machen: Nehmen Sie sich an den Händen und sagen Sie abwechselnd: »Ich liebe mich selbst, deshalb …« Durch diese Übung lernen Sie vor allen Dingen, dass es fast unmöglich ist, sich selbst herabzusetzen, während Sie gleichzeitig sagen, dass Sie sich selbst lieben.

Zwischen dem Wunsch und dem Bedürfnis nach Liebe besteht ein gewaltiger Unterschied. Das Bedürfnis nach Liebe deutet darauf hin, dass Ihnen die Liebe und Anerkennung des wichtigsten Menschen in Ihrem Leben – das sind Sie selbst – fehlen. Als Erstes sollten Sie die Beziehung zur eigenen Person verbessern. Je mehr Sie sich selbst akzeptieren, desto besser werden auch Ihre bestehenden Beziehungen. Ein glücklicher Mensch zieht andere magisch an. Lieben Sie sich selbst, wenn Sie sich mehr Liebe wünschen. Dazu gehört, dass Sie sich nicht ständig selbst kritisieren, nicht an sich herumkritteln, sich keine Vorwürfe machen, nicht jammern und sich nicht einsam fühlen. Vielmehr sollten Sie im gegenwärtigen Moment mit sich selbst zufrieden sein und sich entscheiden, nur Gedanken zu denken, durch die Sie sich jetzt gut fühlen.

Sollte Ihnen im Laufe des Tages etwas Unangenehmes widerfahren, gehen Sie sofort zum Spiegel und sagen Sie sich: »Ich liebe dich trotzdem.« Irgendwas ist immer, aber Ihre Selbstliebe hat Bestand. Sie ist das Wichtigste in Ihrem Leben. Geschieht etwas Schönes, gehen Sie zum Spiegel und sagen: »Danke.« Loben Sie sich dafür, dass Sie diesen wunderbaren Moment kreiert haben.

Ich möchte Sie bitten, sich morgens als Erstes und abends als Letztes in die Augen zu schauen und zu sagen: »Ich liebe dich, ich liebe dich wirklich. Und ich akzeptiere dich so, wie du bist.« Anfangs mag Ihnen das vielleicht schwerfallen, aber in kurzer Zeit wird diese Affirmation für Sie Wirklichkeit werden.

Sie werden feststellen, dass mit zunehmender Selbstliebe auch Ihre Selbstachtung wächst und dass Ihnen alle erforderlichen Veränderungen leichterfallen werden, denn Sie wissen jetzt, dass sie richtig sind. Liebe existiert nicht außerhalb von Ihnen – sie ist ein Teil Ihrer selbst. Je mehr Liebe Sie empfinden, desto liebenswerter sind Sie.

Ich empfehle Ihnen, kontinuierlich an Ihrer Selbstliebe zu arbeiten. Zeigen Sie die wachsende Liebe, die Sie für sich selbst empfinden. Verwöhnen Sie sich mit Zärtlichkeit und Liebe. Zeigen Sie sich selbst, wie einzigartig Sie sind. Tun Sie sich selbst etwas Gutes. Kaufen Sie sich Blumen für Ihr Heim und umgeben Sie sich mit Farben, Stoffen und Düften, die Ihnen guttun. Das Leben spiegelt uns immer genau das, was wir empfinden.

Um vom Gefühl der Einsamkeit zu einem Gefühl der Erfüllung zu gelangen, braucht es eine liebevolle geistige Atmosphäre in Ihrem Inneren und in Ihrem nahen Umfeld. Wenn Sie wirklich lieben, wer Sie sind, fühlen Sie sich ausgeglichen, ruhig und sicher, und Ihre Beziehungen zu Hause und am Arbeitsplatz sind bestens. Sie werden feststellen, dass Sie ab sofort auf die verschiedensten Situationen und Menschen anders reagieren. Dinge, die Ihnen früher sehr wichtig waren, verlieren an Bedeutung. Neue Menschen werden in Ihr Leben treten, und vielleicht verabschieden sich andere daraus – das mag anfangs vielleicht etwas irritierend sein, aber gleichzeitig auch wunderschön, belebend und aufregend.

Affirmationen für die Selbstliebe

Sprechen Sie die folgenden Affirmationen täglich, und zwar möglichst oft, zum Beispiel beim Autofahren, bei der Arbeit, beim Blick in den Spiegel oder immer dann, wenn Sie spüren, dass Ihre negativen Glaubenssätze auftauchen:

- Ich habe es verdient, mich selbst zu lieben.
- Ich werde geliebt und so akzeptiert, wie ich bin, genau hier und genau jetzt.
- Mein Bewusstsein ist erfüllt von gesunden, positiven, liebevollen Gedanken, die sich auf meine Erlebnisse und Erfahrungen auswirken.
- Das größte Geschenk, das ich mir selbst machen kann, ist bedingungslose Liebe.
- Ich warte nicht mehr darauf, perfekt zu sein, um mich selbst lieben zu können.
- Ich liebe mich so, wie ich bin.
- Ich sehe großartig aus und fühle mich großartig. Jetzt bin ich für alles Gute offen und empfänglich!
- Liebe ist das Zaubermittel. Die Liebe zu mir selbst bewirkt Wunder in meinem Leben.

- Ich halte mich für schön, liebenswert und wertvoll. Ich bin stolz darauf, ich zu sein.
- Ich weiß, dass ich mich selbst lieben muss, bevor andere mich lieben können. Meine Selbstliebe beginnt jetzt.
- Ich bin sanft, freundlich und geduldig mit mir selbst. Diese liebevolle Fürsorge spiegelt sich in meinem Umfeld wider.
- Ich bin der wichtigste Mensch in meinem Leben.
- Ich wende mich nach innen, um meine persönlichen Schätze zu entdecken.
- Ich bin jetzt bereit, meine eigene Schönheit und Großartigkeit zu erkennen.
- Ich liebe mich so, wie ich bin, und belohne mich durch Lob und Anerkennung.

TAG 12

Freundschaft

Heute befassen wir uns mit Freundschaften, die unsere wichtigsten Beziehungen sein können. Wir mögen ohne Liebespartner oder Ehegatten auskommen, können ohne unsere Familien leben. Aber die meisten Menschen sind ohne Freunde unglücklich. Ich glaube, dass wir uns unsere Eltern aussuchen, bevor wir geboren werden. Aber unsere Freunde wählen wir uns auf einer viel bewussteren Ebene aus.

Der bedeutende US-amerikanische Philosoph und Schriftsteller Ralph Waldo Emerson bezeichnet Freundschaft in einem Essay als »Nektar Gottes«. Darin erläutert er, dass in Liebesbeziehungen immer eine Person versucht, die andere zu verändern, während Freunde sich zurücknehmen und einander mit Wertschätzung und Respekt begegnen.

Freunde können die Kernfamilie erweitern oder sogar ersetzen. Wir alle haben das große Bedürfnis, unsere Lebenserfahrungen mit anderen zu teilen. In einer Freundschaft lernen wir nicht nur mehr über andere, sondern auch einiges über uns selbst. Diese Beziehungen sind ein Spiegel unseres Selbstwertgefühls und -bewusstseins. Durch sie erkennen wir uns selbst und jene Lebensbereiche, in denen wir vielleicht noch wachsen dürfen.

Sollte das Verhältnis zwischen Freunden angespannt sein, hilft ein Blick auf die negativen Botschaften unserer Kindheit. Möglicherweise ist es Zeit für einen mentalen »Hausputz«. Nach den langen Jahren der negativen Denkmuster ist diese Reinigung in etwa so, als würden Sie Ihre Ernährung von Junkfood auf gesunde Nahrungsmittel umstellen. Bei einer Ernährungsumstellung entgiftet sich Ihr Körper, und Sie fühlen sich vielleicht ein oder zwei Tage lang unwohl.

Das könnte Ihnen auch passieren, wenn Sie Ihre Denkmuster verändern. Es kann durchaus sein, dass sich Ihr Zustand an Tag 12 für eine Weile verschlechtert, aber vergessen Sie nicht, dass Sie sich durch eine Menge vertrocknetes Unkraut wühlen müssen, um an den darunterliegenden fruchtbaren Boden zu gelangen. Doch Sie schaffen das! Ich weiß, dass Sie es können!

Übung: Hinterfragen Sie Ihre Freundschaften

Schreiben Sie die folgende Affirmation dreimal auf und beantworten Sie dann die anschließenden Fragen:

»Ich bin bereit, alle Muster in mir loszulassen, die zu problematischen Freundschaften führen.«

- Wie verliefen Ihre ersten Kinderfreundschaften?
- Gibt es Ähnlichkeiten zwischen Ihren heutigen Freundschaften und diesen Kinderfreundschaften?
- Was haben Sie von Ihren Eltern über Freundschaft gelernt?
- Welche Freunde hatten Ihre Eltern?
- Welche Freundschaftsbeziehungen wünschen Sie sich für die Zukunft? Machen Sie genaue Angaben.

Übung: Selbstwertgefühl und Freundschaften

Wir wollen nun Ihr Selbstwertgefühl in Bezug auf Freundschaften untersuchen. Beantworten Sie jede der folgenden Fragen. Schreiben Sie dann eine positive Affirmation (in der Gegenwartsform) auf, die die alte Überzeugung ersetzt.

1. Glaube ich, gute Freunde verdient zu haben?

Beispiel-Antwort: Nein. Warum sollte jemand mit mir zusammen sein wollen?

Beispiel-Affirmation: Ich liebe und akzeptiere mich selbst und finde Freunde.

2. Was befürchte ich am meisten im Hinblick auf enge Freunde?

Beispiel-Antwort: Ich habe Angst vor Verrat. Ich habe nicht das Gefühl, dass ich jemandem vertrauen kann.

Beispiel-Affirmation: Ich vertraue mir selbst, dem Leben und meinen Freunden.

3. Was habe ich von dieser Überzeugung?

Beispiel-Antwort: Ich erlaube mir zu urteilen. Ich warte darauf, dass meine Freunde einen Fehler machen, damit ich ihnen zeigen kann, dass sie falschliegen.

Beispiel-Affirmation: Alle meine Freundschaften sind eine Bereicherung für mich. Ich bin ein liebenswürdiger und hilfsbereiter Freund.

4. Was könnte passieren, wenn ich mich von dieser Überzeugung verabschiede?

Beispiel-Antwort: Ich könnte die Kontrolle verlieren. Ich müsste zulassen, dass man mich wirklich kennenlernt.

Beispiel-Affirmation: Es ist ganz einfach, andere zu lieben, wenn ich mich selbst liebe und akzeptiere.

Wir sind für unser Leben selbst verantwortlich, und daher gibt es niemanden, dem wir die Schuld dafür zuweisen könnten. Was auch immer »da draußen« geschieht, ist nur ein Ausdruck unseres eigenen inneren Denkens.

Übung: Denken Sie über Ihre Freundschaften nach

Denken Sie an drei Ereignisse, bei denen Sie das Gefühl hatten, von Ihren Freunden schlecht behandelt oder verletzt worden zu sein. Vielleicht hat ein Freund Ihr Vertrauen missbraucht oder Sie in einer Notlage im Stich gelassen. Vielleicht hat diese Person Ihre Partnerin angegriffen. Schreiben Sie alle Beispiele auf und notieren Sie die Gedanken, die Sie im Vorfeld des betreffenden Ereignisses hatten.

> *Beispiel-Situation:* Als ich sechzehn Jahre alt war, wandte sich meine beste Freundin Susie von mir ab und verbreitete bösartige Gerüchte über mich. Als ich sie zur Rede stellte, log sie mich an. Ich hatte während meines gesamten letzten Schuljahrs keine Freunde mehr.
> *Beispiel-Denkmuster:* Ich hatte keine Freunde verdient. Ich fühlte mich zu meiner Freundin Susie hingezogen, weil sie kalt und verurteilend war. Ich war es gewohnt, verurteilt und kritisiert zu werden.

Übung: Unterstützung durch Ihre Freunde

Denken Sie jetzt an drei Situationen in Ihrem Leben, in denen Sie von Freunden unterstützt wurden. Vielleicht hat sich ein guter Freund für Sie eingesetzt oder Ihnen Geld geliehen, als Sie es dringend brauchten. Vielleicht hat diese Person Ihnen geholfen, eine schwierige Situation zu lösen. Schreiben Sie alle Beispiele auf und notieren Sie die Gedanken, die Sie im Vorfeld des betreffenden Ereignisses hatten.

> *Beispiel-Situation:* Ich werde Helen nie vergessen. Denn als mich die Kollegen in meinem ersten Job auslachten, weil ich in einer Besprechung etwas Dummes gesagt hatte, setzte Helen sich für mich ein. Sie half mir aus meiner Verlegenheit und rettete mir den Job.
> *Meine innersten Gedanken waren:* Wenn ich Fehler mache, wird es immer jemanden geben, der mir hilft. Denn ich verdiene Unterstützung. Frauen unterstützen mich besonders.

Übung: Visualisierung

Welchen Freunden möchten Sie Ihre Anerkennung zeigen? Nehmen Sie sich einen Moment Zeit, um sie zu visualisieren. Sehen Sie diesen Menschen in die Augen und sagen

Sie: »Ich danke dir und segne dich mit Liebe dafür, dass du für mich da warst, als ich dich brauchte. Möge dein Leben voller Freude sein.«

Welchen Freunden möchten Sie verzeihen? Nehmen Sie sich einen Moment Zeit, um sie zu visualisieren. Sehen Sie diesen Menschen in die Augen und sagen Sie: »Ich vergebe dir, dass du dich nicht so verhalten hast, wie ich es mir gewünscht habe. Ich vergebe dir und lass dich frei.«

Affirmationen für Freundschaften

Sprechen Sie die folgenden Affirmationen täglich, und zwar möglichst oft, zum Beispiel beim Autofahren, bei der Arbeit, beim Blick in den Spiegel oder immer dann, wenn Sie spüren, dass Ihre negativen Glaubenssätze auftauchen:

- Ich erlaube mir, ein Freund zu sein.
- Meine Freunde sind liebevoll und hilfsbereit.
- Wenn ich sämtliche Kritik loslasse, verschwinden verurteilende Menschen aus meinem Leben.
- Ich bin offen und aufgeschlossen für alle Meinungen.
- Ich respektiere andere, und sie respektieren mich.

- Meine Liebe und Akzeptanz für andere führt zu dauerhaften Freundschaften.
- Es ist sicher für mich, offen zu sein.
- Ich lasse meine Freunde gewähren. Wir haben die Freiheit, ganz wir selbst zu sein.
- Ich vertraue darauf, dass meine innere Weisheit mich leitet.
- Es ist sicher für mich, um das zu bitten, was ich will.
- Ich überschreite meine Begrenzungen und sage ehrlich, was ich will.
- Da ich weiß, dass Freunde einst Fremde für mich waren, heiße ich neue Menschen in meinem Leben willkommen.
- Liebevolle Menschen bereichern mein Leben, und es fällt mir leicht, anderen meine Liebe zu zeigen.
- Die Menschen in meinem Leben sind wirklich ein Ausdruck meiner selbst. Meine Welt ist sicher und freundlich.
- Ein lächelndes Gesicht und fröhliche, liebevolle Worte sind die besten Geschenke, die ich mit jedem teilen kann.

TAG 13

Liebe und Nähe

Heute befassen wir uns mit der Liebe und unseren engsten persönlichen Beziehungen. Wir stehen mit allem und jedem in Verbindung. Sie haben jetzt sogar eine Beziehung zu diesem Buch und zu mir sowie zu meinen Ideen.

Ihr Verhältnis zu Gegenständen, Lebensmitteln, zum Wetter, zu Verkehrsmitteln und Menschen ist Ausdruck Ihrer Beziehung zu sich selbst. Und die wiederum ist maßgeblich von den Beziehungen beeinflusst, die Sie als Kind zu den Erwachsenen in Ihrem Umfeld hatten. Die Art, wie diese mit Ihnen als Kind umgegangen sind, hat Ihre Einstellung sich selbst gegenüber geprägt, sowohl in positiver als auch in negativer Hinsicht.

Sondra Ray, die spirituelle Lehrerin und »Mutter

des Rebirthing«, arbeitete intensiv mit Familienmustern. Ihrer Meinung nach sind alle unsere wichtigsten Beziehungen ein Spiegel des Verhältnisses mit einem unserer Elternteile. Sie vertritt die Auffassung, dass wir nie die Beziehungen herstellen werden, die wir uns wünschen, wenn wir nicht diese erste Beziehung unseres Lebens heilen.

Unsere Beziehungen sind also ein Ausdruck unserer selbst. Was wir anziehen, spiegelt immer entweder unsere Charaktereigenschaften oder unsere Glaubenssätze über Beziehungen wider. Das trifft immer zu, egal ob es sich um einen Vorgesetzten, um Kolleginnen, Mitarbeiter, Freunde, Lebensgefährtinnen, Ehepartner oder um ein Kind handelt. Alles, was Sie an diesen Menschen nicht mögen, entspricht entweder dem, was Sie selbst tun oder nicht tun würden, oder dem, was Sie für richtig halten. Sie würden diese Menschen nicht anziehen oder um sich haben, wenn sie nicht irgendwie zu Ihrem eigenen Leben passten.

Wir ziehen die Liebe an, wenn wir sie am wenigsten erwarten, wenn wir nicht danach suchen. Die »Jagd« nach Liebe aber führt nie zum richtigen Partner. Sie verursacht nur Sehnsucht und Traurigkeit. Die Liebe liegt nicht außerhalb von uns, sie ist in uns.

Versuchen Sie nicht krampfhaft, nach Liebe zu suchen. Vielleicht sind Sie noch nicht bereit dafür, oder Sie sind noch nicht weit genug, um die Liebe anzuziehen, die Sie sich wünschen. Geben Sie sich nicht mit irgendwem zufrieden, nur um nicht allein zu sein. Setzen Sie Ihre Maßstäbe. Welche Art von Liebe wollen Sie anziehen? Listen Sie Ihre Qualitäten auf, und Sie werden einen Menschen anziehen, der genau diese Qualitäten besitzt. Vielleicht gehen Sie der Frage nach, was die Liebe von Ihnen fernhält. Könnte es Kritik sein? Gefühle der Unwürdigkeit? Unangemessene Maßstäbe? Unrealistische Idealvorstellungen von einer Partnerin? Furcht vor Nähe? Der Glaube, dass Sie nicht liebenswert sind?

Seien Sie bereit für die Liebe, wenn sie tatsächlich in Ihr Leben treten will. Geben Sie ihr Raum und seien Sie bereit, die Liebe zu pflegen. Zeigen Sie sich liebevoll, und Sie werden geliebt werden. Seien Sie offen und empfänglich für die Liebe.

Wie haben Sie als Kind Liebe erlebt? Konnten Sie Ihre Eltern dabei beobachten, wie sie Liebe und Zuneigung zum Ausdruck brachten? Wurden Sie häufig umarmt? Oder fand die »Liebe« in Ihrer Familie ihren Ausdruck in Streit, Schreien, Weinen, Türenschlagen, Manipulation, Kontrolle, Schweigen oder Rache? Wenn dies der Fall war, dann werden Sie als Erwachsener höchstwahrscheinlich nach ähnlichen Erfahrungen suchen. Sie werden Menschen finden, die Sie in diesen Denkmustern bestärken. Wenn Sie als Kind Liebe gesucht und Schmerz gefunden haben, dann werden Sie als Erwachsener Schmerz statt Liebe finden … es sei denn, Sie lassen Ihre alten Familienmuster los.

Übung: Ihre Gefühle gegenüber der Liebe

Beantworten Sie die folgenden Fragen wieder so ehrlich wie möglich:

› Wie endete Ihre letzte Beziehung?
› Wie endete die Beziehung davor?
› Denken Sie an Ihre letzten beiden intimen Beziehungen. Was waren die Hauptprobleme zwischen Ihnen und Ihrem Partner?
› Inwiefern erinnern diese Probleme Sie an Ihre Beziehung zu einem oder beiden Elternteilen?

Vielleicht endeten alle Ihre bisherigen Beziehungen, weil Ihre Partner Sie verließen. Ihr Bedürfnis, verlassen zu werden, könnte von einer Scheidung herrühren, von einem Elternteil, der sich von Ihnen zurückgezogen hat, weil Sie nicht seinen Erwartungen entsprachen, oder von einem Todesfall in der Familie.

Um dieses Muster zu durchbrechen, sollten Sie Ihren Eltern vergeben und verstehen, dass Sie dieses alte Verhalten nicht wiederholen müssen. Sie befreien Ihre Eltern und damit auch sich selbst.

Hinter jeder Gewohnheit oder jedem Muster, das wir ständig wiederholen, steht ein inneres Bedürfnis nach einer solchen Wiederholung. Das Bedürfnis entspricht einem bestimmten Glaubenssatz. Gäbe es dieses Bedürfnis nicht, müssten wir es nicht ausleben beziehungsweise unser Handeln oder Sein danach ausrichten. Selbstkritik durchbricht solche Muster nicht – das ist nur möglich, wenn Sie dieses Bedürfnis loslassen.

Übung: Ihre Beziehungen

Beantworten Sie die folgenden Fragen wieder so ehrlich wie möglich:

- Was haben Sie als Kind über Liebe gelernt?
- Hatten Sie jemals einen Chef, der »genau wie« einer Ihrer Elternteile war? In welcher Hinsicht?
- Ist Ihre Partnerin oder Ihr Ehepartner wie einer Ihrer Elternteile? Inwiefern?
- Was oder wem müssten Sie vergeben, um dieses Muster zu durchbrechen?
- Wie würden Sie Ihre Beziehung, ausgehend von Ihrem neuen Bewusstsein, gern gestalten?

Ihre früheren Denkmuster und Glaubenssätze bestimmen so lange Ihre Erfahrungen, bis Sie sie dahinziehen lassen. Und Ihre zukünftigen Gedanken existieren noch nicht. Sie können nur Ihre aktuellen Gedanken kontrollieren.

Wir allein entscheiden, was und wie wir denken. Möglicherweise geht uns gewohnheitsmäßig immer wieder derselbe Gedanke durch den Kopf, sodass Sie nicht daran glauben, ihn selbst ausgewählt zu haben. Doch in der Tat haben wir uns ursprünglich einmal dafür entschieden. Wir können uns aber auch gegen bestimmte Gedanken wehren. Wie oft haben Sie sich schon geweigert, positiv über sich selbst zu denken? Genauso können Sie sich auch weigern, etwas Negatives über sich selbst zu denken. Dazu brauchen Sie nur etwas Übung.

Übung: Ihre Glaubenssätze über Liebe und Nähe

Lassen Sie uns nun Ihre Überzeugungen unter die Lupe nehmen. Beantworten Sie jede der folgenden Fragen. Schreiben Sie dann eine positive Affirmation (in der Gegenwartsform) auf, welche die alte Überzeugung ersetzt.

1. Bin ich es wert, eine innige Beziehung zu führen?

Beispiel-Antwort: Nein. Wenn ein anderer Mensch mich wirklich kennenlernt, macht er sich aus dem Staub.

Beispiel-Affirmation: Ich bin liebenswert und es wert, dass man mich kennenlernt.

2. Habe ich Angst vor der Liebe?
Beispiel-Antwort: Ja. Ich habe Angst, dass mein Partner untreu ist.
Beispiel-Affirmation: Ich bin in der Liebe immer sicher.

3. Was habe ich von dieser Überzeugung?
Beispiel-Antwort: Ich lasse es nicht zu, dass Romantik in mein Leben einkehrt.
Beispiel-Affirmation: Es ist sicher für mich, mein Herz zu öffnen und Liebe zuzulassen.

4. Was könnte passieren, wenn ich diese Überzeugung aufgäbe?
Beispiel-Antwort: Ich werde ausgenutzt und verletzt.
Beispiel-Affirmation: Es ist sicher für mich, mein Innerstes mit anderen zu teilen.

Affirmationen für Liebe und Nähe

Sprechen Sie die folgenden Affirmationen täglich, und zwar möglichst oft, zum Beispiel beim Autofahren, bei der Arbeit, beim Blick in den Spiegel oder immer dann, wenn Sie spüren, dass Ihre negativen Glaubenssätze auftauchen:

- Ich liebe und akzeptiere mich, und ich bin in Sicherheit.
- Liebe währt ewig.
- Durch die Liebe fühle ich mich frei.
- Es ist sicher für mich, verliebt zu sein.
- Wir sorgen beide für uns selbst.
- Wir sind stets gleichberechtigte Partner.
- Eifersucht ist nur ein Ausdruck von Unsicherheit. Ich entwickle nun mein Selbstwertgefühl.
- Die Menschen lieben mich, wenn ich ganz authentisch bin.
- Ich verdiene es, geliebt zu werden.
- Es fällt mir jeden Tag leichter, mich selbst und andere zu lieben.
- Je mehr ich mich der Liebe öffne, desto sicherer bin ich.
- Wir respektieren die Entscheidungen des jeweils anderen.
- Ich erschaffe jetzt eine dauerhafte, liebevolle Beziehung.
- Ich erlaube mir, innige Liebe zu erfahren.
- Alle meine Beziehungen sind harmonisch.

TAG 14

Kreativität

Heute befassen wir uns mit dem Thema »Kreativität«. Wir alle verfügen über diese Gabe und können sie weitaus mehr entwickeln, als uns vielleicht bewusst ist.

Wenn Sie darüber reden oder nachdenken, wie ungeschickt Sie seien, blockiert das Ihre Kreativität. Die Aussage »Ich bin nicht kreativ« wird so lange zutreffen, wie Sie daran festhalten. In Ihnen schlummert Ihre angeborene Kreativität, und deren Entfaltung wird Sie überraschen und begeistern. Sie müssen sie nur zulassen. Sie sind mit dem kreativen Energiestrom des Universums verbunden. Einige von Ihnen sind vielleicht kreativer als andere, aber jeder hat das Zeug dazu.

Tag für Tag gestalten wir unser Leben. Jeder Mensch

verfügt über einzigartige Talente und Fähigkeiten. Leider haben in unserer Kindheit zu viele wohlmeinende Erwachsene diese Kreativität unterdrückt. Mir sagte mal ein Lehrer, ich könne nicht tanzen, weil ich zu groß sei. Einem Freund wurde eingeredet, er könne nicht zeichnen, weil er den falschen Baum gemalt habe. Das ist doch absurd! Aber wir waren gehorsame Kinder und glaubten das. Jetzt können wir diese Botschaften einfach hinter uns lassen.

Auch die Annahme, man müsse zum Beispiel ein Künstler oder eine Musikerin sein, um als kreativ zu gelten, ist falsch. Kunst und Musik sind nur zwei von vielen Ausdrucksformen von Kreativität, und die Palette ist noch viel, viel größer. Sie sind in jedem Augenblick Ihres Lebens kreativ – angefangen bei der Entstehung neuer Zellen in Ihrem Körper bis hin zu Ihren emotionalen Reaktionen, Ihrem derzeitigen Job, Ihrem Bankkonto, Ihren Beziehungen zu Freunden und Ihrer Einstellung zu sich selbst. All das ist Ausdruck Ihrer Kreativität.

Vielleicht sind Sie auch ein guter Bettenbauer, kochen köstliche Gerichte, arbeiten kreativ in Ihrem Beruf, sind eine kreative Gartengestalterin oder zeigen Erfindungsreichtum bei der Art und Weise, wie Sie anderen Menschen freundlich begegnen. Dies sind nur einige von Millionen Möglichkeiten, wie Sie Ihre Kreativität zum Leuchten bringen können.

Ganz gleich, wofür Sie sich entscheiden, alles, was Sie tun, soll Sie mit Freude und Zufriedenheit erfüllen.

Dabei werden Sie stets göttlich geführt. Sie wissen ja, dass der Spirit keine Fehler macht. Wenn Sie den starken Wunsch verspüren, etwas in die Tat umzusetzen oder zu erschaffen, können Sie sicher sein, dass dieses Gefühl ein Ausdruck göttlicher Unzufriedenheit ist. Ihr Wunsch ist eigentlich der Appell, Ihrer wahren Bestimmung zu folgen. Und ganz gleich, um was es sich handelt – wenn Sie diesem Ruf folgen, erhalten Sie Führung, Schutz und die Sicherheit, erfolgreich zu sein. Haben Sie ein bestimmtes Ziel oder einen Weg vor Augen, dann können Sie ins Vertrauen gehen und mitfließen oder in Angst verharren.

Haben Sie Vertrauen in Ihre eigene Vollkommenheit – das ist der Schlüssel! Ich kenne die damit verbundene Angst. Jeder hat vor irgendetwas Angst, aber werden Sie trotzdem aktiv. Denken Sie daran, wie sehr das Universum Sie liebt und möchte, dass Sie bei allem, was Sie tun, Erfolg haben. Sie sind jeden Tag in jedem einzelnen Augenblick kreativ. Sie sind ganz Sie selbst, und das auf Ihre ganz eigene Art und Weise.

Mit diesem Wissen können Sie sich nun endgültig von dem Irrglauben verabschieden, nicht kreativ zu sein, und jedes Projekt in Angriff nehmen, das Ihnen vorschwebt.

Machen Sie bloß nie den Fehler, zu denken, Sie wären für irgendetwas zu alt. Mein eigenes Leben erhielt erst einen Sinn, als ich Mitte vierzig mit dem Unterrichten begann. Mit fünfzig Jahren gründete ich einen kleinen Verlag. Mit 55 wagte ich mich in die Welt der Computer, belegte Kurse und überwand meine Angst vor der Technik. Mit sechzig legte ich meinen ersten Garten an und bin inzwischen eine begeisterte Biogärtnerin, die ihre eigenen Produkte anbaut. Mit siebzig meldete ich mich zu einem Kunstkurs für Kinder an. Ein paar Jahre später änderte ich meine Handschrift grundlegend – inspiriert von der Autorin Vimala Rodgers und ihrem Buch *Your Handwriting Can Change Your Life* (dt. *Ändern Sie Ihre Handschrift und Sie ändern Ihr Leben*). Mit 75 Jahren ging ich in einen Kunstkurs für Erwachsene und begann, meine Bilder zu verkaufen. Mein derzeitiger Kunstlehrer meint, ich solle als Nächstes mit der Bildhauerei beginnen. Vor Kurzem habe ich außerdem mit Yoga angefangen, und mein Körper verändert sich zum Positiven.

Vor ein paar Monaten beschloss ich, etwas zu wagen, was mich zuvor völlig abgeschreckt hatte, und ich begann mit dem Gesellschaftstanz. Jetzt besuche ich mehrere Kurse pro Woche und erfülle mir meinen Kindheitstraum, tanzen zu lernen.

Ich liebe es, Dinge zu lernen, die ich noch nicht kannte. Wer weiß, was noch alles kommen wird? In einem Punkt bin ich mir jedenfalls ganz sicher: Bis zu dem Tag, an dem ich diesen Planeten verlasse, werde ich meine Affirmationen machen und meine neue Kreativität ausleben.

Haben Sie sich ein bestimmtes Projekt vorgenommen, oder wollen Sie ganz allgemein kreativer sein, dann können Sie einige der folgenden Affirmationen verwenden. Nutzen Sie sie voller Freude, wenn Sie Ihre Kreativität bei einer Million verschiedener Vorhaben freisetzen.

Affirmationen für Kreativität

Sprechen Sie die folgenden Affirmationen täglich, und zwar möglichst oft, zum Beispiel beim Autofahren, bei der Arbeit, beim Blick in den Spiegel oder immer dann, wenn Sie spüren, dass Ihre negativen Glaubenssätze auftauchen:

- Ich lasse alle Widerstände los, die mich daran hindern, meine Kreativität ganz auszuschöpfen.
- Ich kann leicht und mühelos kreativ sein, wenn ich zulasse, dass meine Gedanken aus dem liebevollen Raum meines eigenen Herzens kommen.

- Ich tue jeden Tag etwas Neues oder zumindest etwas anderes.
- Ich habe viel Zeit und zahlreiche Gelegenheiten, um mich kreativ auszudrücken, egal für welchen Bereich ich mich entscheide.
- Meine Familie unterstützt mich voll und ganz bei der Verwirklichung meiner Träume.
- Alle meine kreativen Projekte erfüllen mich mit großer Zufriedenheit.
- Ich weiß, dass ich in meinem Leben Wunder bewirken kann.
- Ich fühle mich wohl, wenn ich mich auf unterschiedlichste Weise kreativ ausdrücken kann.
- Ich bin einzigartig: außergewöhnlich, kreativ und wunderbar.
- Mein Potenzial ist unbegrenzt.
- Ich bin ein glücklicher, kreativer Ausdruck des Lebens.
- Meine angeborene Kreativität überrascht und erfreut mich.
- Ich bin ein intelligenter Denker und drücke mich mit Leichtigkeit kreativ aus.
- Ich erlaube mir, mich kreativ zu verwirklichen.
- Meine Talente sind gefragt, und meine einzigartigen Fähigkeiten werden von meinen Mitmenschen geschätzt.

TAG 15

Arbeit

Heute widmen wir uns dem Thema »Arbeit«. Unsere Berufe und die Arbeit, der wir nachgehen, sind ein Ausdruck unseres Selbstwerts und unseres Wertes für die Welt. In gewisser Weise ist Arbeit ein Tausch von Zeit und Dienstleistungen gegen Geld. Ich bin der Meinung, dass alle geschäftlichen Aktivitäten uns die Möglichkeit bieten, uns gegenseitig zu segnen und zu fördern.

Für uns als einzigartige Individuen ist es wichtig, welche Art von Arbeit wir ausüben. Wir möchten das Gefühl haben, einen sinnvollen Beitrag für die Welt zu leisten. Wir wollen unsere Begabungen, unsere Intelligenz und kreativen Fähigkeiten einbringen.

Für viele Menschen ist es ein schwerwiegendes Problem, in ihrem Beruf Erfüllung und Bestätigung zu finden. Dabei könnten wir alle einen tollen Job haben, würden wir nur unsere Einstellung zur Arbeit ändern. Wenn Sie Ihren Job nicht mögen oder Ihren Chef nicht ausstehen können, wird Ihnen die Arbeit niemals Spaß machen. Was für eine schreckliche Affirmation! Mit diesem Glaubenssatz werden Sie nie eine gute Stelle finden. Wenn Sie Spaß an Ihrer Arbeit haben wollen, müssen Sie unbedingt Ihre Denkweise ändern. Es ist meine feste Überzeugung, dass Sie jede Person, jeden Raum und alle Gegenstände an Ihrem Arbeitsplatz mit Liebe segnen sollten. Beginnen Sie mit Ihrem derzeitigen Job: Affirmieren Sie, dass er nur ein Meilenstein auf dem Weg zu weitaus besseren Positionen ist.

In Ihrer aktuellen Stellung sind Sie infolge von Glaubenssätzen, die Sie einst entwickelt haben, und durch Ihr Denken zogen Sie den Job an. Vielleicht haben Sie Ihre Einstellung zur Arbeit von Ihren Eltern gelernt. Wie auch immer – Sie können Ihr Denken ab sofort ändern. Segnen Sie also mit Liebe Ihre Chefin, Ihre Mitarbeiter, den Ort, das Gebäude, die Aufzüge oder Treppen, die Büros, die Möbel und jeden einzelnen Kunden. Auf diese Weise entsteht in Ihnen eine liebevolle geistige Atmosphäre, und Ihr gesamtes Umfeld wird entsprechend darauf reagieren.

Nicht nur Gedanken können geändert werden, sondern auch Situationen. Der Chef, den wir unerträglich finden, könnte unser Vorbild werden. Die ausweglose Position ohne Aussicht auf Beförderung kann sich zu einer neuen Karriere voller Möglichkeiten entwickeln. Die Kollegin, die uns so auf die Nerven geht, wird vielleicht wenn nicht zu einer Freundin, so doch zumindest zu einer Person, mit der man besser zusammenarbeitet. Das Gehalt, das wir als unzureichend empfinden, kann sich im Handumdrehen erhöhen. Wir könnten einen wunderbaren neuen Job finden.

Es gibt unendlich viele Möglichkeiten, wenn wir unser Denken verändern. Öffnen wir uns für alle Optionen. Wir müssen bewusst zulassen, dass Fülle und Erfüllung quasi aus dem Nichts kommen können.

Vielleicht ist es zunächst nur eine kleine Veränderung, etwa ein Zusatzauftrag, bei dem Sie Ihre ganze Intelligenz und Kreativität unter Beweis stellen können. Möglicherweise stellen Sie fest, dass sich Ihr Verhalten deutlich verändert, wenn Sie eine Arbeitskollegin nicht mehr als Feindin betrachten. Was auch immer die Veränderung sein mag, akzeptieren Sie sie und freuen Sie sich darüber. Sie sind nicht allein. Sie *sind* die Veränderung. Die Macht, die Sie erschuf, verlieh Ihnen auch die Macht, Ihre eigenen Erfahrungen zu gestalten!

Übung: Denken Sie über Ihren Beruf nach

- Wenn Sie einen beliebigen Beruf auswählen könnten, welcher wäre das?
- Wenn Sie jeden Job haben könnten, den Sie sich wünschen, welcher wäre es?
- Was würden Sie gern an Ihrer derzeitigen Position ändern?
- Was möchten Sie an Ihrem Arbeitgeber ändern?
- Arbeiten Sie in einer angenehmen Umgebung?
- Wem müssen Sie bei der Arbeit am meisten vergeben?

Übung: Ihr Selbstwertgefühl in Ihrem Beruf

Sehen wir uns nun Ihr Selbstwertgefühl im Hinblick auf Ihre Arbeit an. Schreiben Sie nach der Beantwortung jeder der folgenden Fragen eine Affirmation (in der Gegenwartsform) auf.

1. Habe ich einen guten Job verdient?
Beispiel-Antwort: Manchmal fühle ich mich nicht gut genug.
Beispiel-Affirmation: Ich bin für jede Aufgabe voll und ganz geeignet.

2. Was befürchte ich am meisten bei meiner Tätigkeit?
Beispiel-Antwort: Mein Arbeitgeber findet heraus, dass ich

nichts kann, schmeißt mich raus, und ich finde keine neue Stelle.

Beispiel-Affirmation: Ich bin sicher und akzeptiere, dass mein Leben perfekt ist. Alles ist gut.

3. Was »bringt« mir diese Annahme?

Beispiel-Antwort: Ich bin bei der Arbeit freundlich und behandle meinen Arbeitgeber wie einen Elternteil.

Beispiel-Affirmation: Ich erschaffe meine Erfahrungen in meinem Kopf. Ich habe die unbegrenzte Fähigkeit, Gutes in meinem Leben zu erschaffen.

4. Was könnte passieren, wenn ich diese Annahme aufgäbe?

Beispiel-Antwort: Ich müsste erwachsen werden und Verantwortung übernehmen.

Beispiel-Affirmation: Ich weiß, dass ich ein wertvoller Mensch bin. Ich bin sicher, dass ich erfolgreich sein werde. Das Leben liebt mich.

Übung: Visualisierung

Was wäre Ihr perfekter Job? Nehmen Sie sich einen Moment Zeit, um sich selbst bei dieser Tätigkeit zu visualisieren. Stellen Sie sich Ihr Umfeld und Ihre Kollegen vor, und fühlen Sie, wie es wäre, eine Arbeit zu leisten, die Sie voll und ganz erfüllt, während Sie gleichzeitig ein gutes Gehalt haben. Bewahren Sie sich diese Vision und seien Sie sicher, dass sie sich in Ihrem Bewusstsein bereits erfüllt hat.

Bitte glauben Sie nicht, dass es schwer ist, einen Job zu finden. Das mag für viele zutreffen, aber für Sie muss das nicht gelten. Sie brauchen eine Stelle, und Ihr Bewusstsein wird Ihnen den Weg dorthin weisen. Glauben Sie nicht an die Angst. Wenn Sie von negativen Trends in der Wirtschaft hören, affirmieren Sie sofort: »Das mag auf manche zutreffen, aber nicht auf mich. Mir geht es immer gut, egal wo ich bin oder was passiert.«

Sie wissen, dass Sie bei allem, was Sie tun, erfolgreich sind. Sie sind inspiriert und produktiv. Sie arbeiten mit Freude und Begeisterung für andere. Göttliche Harmonie herrscht in Ihnen und um Sie herum und in jeder einzelnen Person an Ihrem Arbeitsplatz.

Wenn Sie Ihren Job mögen, aber das Gefühl haben, dass Sie nicht genug verdienen, dann segnen Sie Ihr derzeitiges Gehalt mit Liebe. Drücken Sie Ihre Dankbarkeit für das aus, was Sie jetzt haben, und Ihr Einkommen wird sich erhöhen. Und bitte beschweren Sie sich nicht mehr über Ihre Arbeit oder Ihre Kollegen. Ihr Bewusstsein hat Sie dahin geführt, wo Sie jetzt sind. Ihr verändertes Bewusstsein kann Sie in eine bessere Position versetzen. Sie schaffen das!

Affirmationen für den Beruf

Sprechen Sie die folgenden Affirmationen täglich, und zwar möglichst oft, zum Beispiel beim Autofahren, bei der Arbeit, beim Blick in den Spiegel oder immer dann, wenn Sie spüren, dass Ihre negativen Glaubenssätze auftauchen:

- Ich verdiene eine erfolgreiche Berufslaufbahn, und ich akzeptiere das jetzt.
- Ich mag meine Aufgabe und die Menschen, mit denen ich zusammenarbeite.
- Ich bin bei der Arbeit immer entspannt.
- Wenn ich bei der Arbeit auf Probleme stoße, bitte ich gern um Hilfe.
- Die Freude, die ich an meiner Karriere habe, zeigt sich auch in meinem Lebensglück.
- Meine Arbeit wird von allen anerkannt.
- Ich bin dankbar für diese Beschäftigung.
- Ich verwandle jede Erfahrung in eine Chance.
- Alle meine Vorgesetzten behandeln mich mit Zuneigung und Respekt.
- Ich bin fähig, kompetent und an der richtigen Stelle.

- Ich sehe das Beste in allen Menschen, und sie tun dasselbe.
- Durch meine Gedanken erschaffe ich eine wunderbare neue Chance.
- Alles, was ich anpacke, ist erfolgreich.
- Ständig öffnen sich neue Türen für mich.
- Ich bin für neue Einkommensmöglichkeiten bereit und offen.

TAG 16

Geld und Wohlstand

Heute geht es um die Themen »Geld« und »Wohlstand«.

Auf Wohlstand können Sie lange warten, wenn Sie ständig über Geldmangel reden oder darüber nachdenken. Das sind sinnlose Gedanken, die Ihnen keine Fülle verschaffen. Wer sich mit Mangel befasst, schafft nur noch mehr Mangel. Gedanken über Armut führen zu mehr Armut. Dankbarkeitsdenken dagegen schafft Überfluss.

Bestimmte negative Affirmationen und Denkweisen sorgen dafür, dass Wohlstand für Sie unerreichbar bleibt – zum Beispiel: »Ich habe nie genug Geld!« Eine schreckliche Affirmation, die Sie da verwenden. Eine andere negative Affirmation lautet: »Das Geld geht schneller weg, als es hereinkommt.« Das ist

Armutsdenken der schlimmsten Art. Das Universum kann nur auf das reagieren, was Sie über sich selbst und Ihr Leben glauben. Überprüfen Sie alle negativen Gedanken, die Sie über Geld haben, und verabschieden Sie sich dann von ihnen. Sie haben Ihnen schon in der Vergangenheit schlechte Dienste geleistet, und das würde auch künftig so sein.

Viele Menschen hoffen auf ein Erbe von längst verschollenen Verwandten oder auf einen Lottogewinn, um ihre finanziellen Probleme zu lösen. Natürlich können Sie über so etwas fantasieren oder sogar gelegentlich zum Spaß ein Lotterielos kaufen, aber bitte konzentrieren Sie sich nicht zu sehr darauf, auf diese Weise zu Geld zu kommen. Das ist Mangel- oder Armutsdenken, und es wird Ihrem Leben auf Dauer nichts Gutes bescheren. Sie werden reich mithilfe von Affirmationen, klaren Willensbekundungen, indem Sie denken, es verdient zu haben, und es zulassen. Der dadurch gewonnene Reichtum wird deutlich über dem liegen, was Sie je in einer Lotterie erzielen könnten.

Auch Unredlichkeit kann Sie vom Wohlstand trennen. Was immer Sie aussenden, kehrt zu Ihnen zurück. Immer. Wenn Sie etwas vom Leben nehmen, wird das Leben etwas von Ihnen nehmen. So einfach ist das. Sie glauben vielleicht, dass Sie niemals stehlen würden, aber haben Sie dabei auch die Büroklammern und Briefmarken berücksichtigt, die Sie aus dem Büro mit nach Hause nehmen? Oder sind Sie ein Mensch, der anderen die Zeit stiehlt oder ihnen jeglichen Respekt abspricht – oder vielleicht sogar Beziehungen zerstört? All diese Dinge zählen und sind eine Art, dem Universum zu sagen: »Ich verdiene das Gute im Leben nicht wirklich. Ich muss es mir erschleichen oder entwenden.«

Werden Sie sich der Glaubenssätze bewusst, die den Zustrom von Geld in Ihrem Leben blockieren könnten. Ändern Sie dann diese Überzeugungen und entwickeln Sie ein neues, auf Fülle ausgerichtetes Denken. Öffnen Sie Ihr Bewusstsein für die Vorstellung, dass Geld in Ihr Leben strömt, auch wenn dies in Ihrer Familie noch niemand getan hat.

Falls Sie wohlhabend sein wollen, dann müssen Sie Wohlstandsdenken anwenden. Es gibt zwei Wohlstandsaffirmationen, die ich seit vielen Jahren einsetze und die bei mir gut funktionieren. Sie werden auch bei Ihnen erfolgreich wirken.

Sie lauten »Mein Einkommen steigt ständig« und »Ich erlange Wohlstand, egal was ich tue«.

Als ich begann, diese Affirmationen zu sprechen, hatte ich sehr wenig Geld, aber durch konsequente Anwendung sind sie für mich wahr geworden.

Um es noch einmal zu betonen: Ihr Wohlstandsbewusstsein ist nicht vom Geld abhängig; doch Ihr Geldfluss ist abhängig von Ihrem Wohlstandsbewusstsein.

Geld muss unser Leben besser machen. Wenn das nicht der Fall sein sollte, etwa weil wir unsere Arbeit nicht mögen, dann ist das ganze Geld nutzlos. Denn zum Wohlstand gehört nicht nur das, was wir auf dem Bankkonto haben, sondern auch unsere Lebensqualität.

Wohlstand wird nicht nur durch Geld definiert, sondern umfasst auch Zeit, Liebe, Erfolg, Freude, Wohlbefinden, Schönheit und Klugheit. So können Sie zum Beispiel im Hinblick auf Ihre Zeit arm sein. Fühlen Sie sich gehetzt, unter Druck gesetzt und bedrängt, dann ist Ihre Zeit von Armut geprägt. Wenn Sie aber denken, dass Sie alle Zeit haben, die Sie brauchen, um jede Aufgabe zu bewältigen, und Sie zuversichtlich sind, dass Sie alles schaffen können, dann sind Sie in Bezug auf die Zeit wohlhabend.

Oder wie sieht es mit Ihrem Erfolg aus? Haben Sie das Gefühl, dass er für Sie unerreichbar und völlig unmöglich ist? Oder glauben Sie, aus eigener Kraft erfolgreich sein zu können? Wenn ja, dann sind Sie reich, was den Erfolg angeht.

Seien Sie sich bewusst, dass Sie alle Ihre Glaubenssätze noch in diesem Augenblick ändern können. Die Macht, die Sie erschuf, gab Ihnen die Fähigkeit, Ihre eigenen Erfahrungen zu gestalten. Sie können etwas ändern!

Übung: Spiegelarbeit

Stellen Sie sich mit ausgestreckten Armen vor den Spiegel und sagen Sie: »Ich bin offen und empfänglich für alles Gute.« Wie fühlt sich das an?

Schauen Sie nun in den Spiegel und wiederholen Sie den Satz mit voller Überzeugung. Welche Gefühle kommen in Ihnen hoch? Es fühlt sich befreiend an, nicht wahr?

Machen Sie diese Übung jeden Morgen. Eine wunderbare Symbolhandlung, die Ihr Wohlstandsbewusstsein steigern und mehr Gutes in Ihr Leben bringen kann.

Übung: Ihre Gefühle gegenüber Geld

Lassen Sie uns Ihr Selbstwertgefühl in diesem Bereich untersuchen. Beantworten Sie die folgenden Fragen, so gut Sie können:

- Gehen Sie zurück zum Spiegel. Schauen Sie sich in die Augen und sagen Sie: »Meine größte Angst beim Thema Geld ist …« Schreiben Sie anschließend Ihre Antwort auf und das, was der Grund für Ihr Gefühl ist.
- Was haben Sie als Kind über Geld gelernt?
- Wuchsen Ihre Eltern während eines wirtschaftlichen Abschwungs oder einer anderen Krise auf? Was dachten sie über Geld?

- Wie ging man in Ihrer Familie mit Finanzen um?
- Wie gehen Sie jetzt mit Geld um?
- Was würden Sie gern an Ihrem Geldbewusstsein ändern?

Übung: Ihr Geldbewusstsein

Sehen wir uns Ihr Selbstwertgefühl in Bezug auf Geld näher an. Beantworten Sie die folgenden Fragen, so gut Sie können. Schreiben Sie nach jeder negativen Überzeugung eine positive Affirmation (in der Gegenwartsform) auf, die an ihre Stelle tritt.

1. Habe ich es verdient, Geld zu besitzen und es zu genießen?

Beispiel-Antwort: Nicht wirklich. Sobald ich Geld habe, bin ich es gleich wieder los.
Beispiel-Affirmation: Ich segne das Geld, das ich habe. Es ist sicher, Geld zu sparen und mein Geld für mich arbeiten zu lassen.

2. Was ist meine größte Befürchtung in Bezug auf Geld?

Beispiel-Antwort: Ich habe Angst, dass ich immer pleite sein könnte.
Beispiel-Affirmation: Ich akzeptiere jetzt grenzenlosen Reichtum aus einem grenzenlosen Universum.

3. Was »bringt« mir diese Überzeugung?

Beispiel-Antwort: Ich darf arm sein und mich von anderen versorgen lassen.

Beispiel-Affirmation: Ich beanspruche meine eigene Macht und kreiere liebevoll meine eigene Realität. Ich vertraue dem Prozess des Lebens.

4. Wovor habe ich Angst, wenn ich diese Überzeugung loslasse?

Beispiel-Antwort: Keiner wird mich lieben und sich um mich kümmern.

Beispiel-Affirmation: Das Universum schützt mich, und alles Leben liebt und unterstützt mich.

Affirmationen für Geld und Wohlstand

Sprechen Sie die folgenden Affirmationen täglich, und zwar möglichst oft, zum Beispiel beim Autofahren, bei der Arbeit, beim Blick in den Spiegel oder immer dann, wenn Sie spüren, dass Ihre negativen Glaubenssätze auftauchen:

- Ich lebe in einem liebevollen, reichhaltigen, harmonischen Universum, und ich bin dankbar.

- Ich ziehe Geld und Wohlstand jeglicher Art an.
- Ich verdiene es, Geld auf der Bank zu haben.
- Mein Einkommen steigt ständig.
- Ich erhalte heute Geld auf erwartete und unerwartete Weise.
- Meine Kreditwürdigkeit wird immer besser.
- Ich gebe mein Geld vernünftig aus.
- Ich habe immer so viel, wie ich brauche.
- Ich habe so viel Geld, wie ich akzeptieren kann.
- Ich segne alle meine Rechnungen mit Liebe. Ich bezahle sie pünktlich.
- Ich bin immer zahlungsfähig.
- Ich sorge mit Freude für meinen Ruhestand vor.
- Ich genieße es zu sparen, und ich gebe mein Geld mit Bedacht aus.
- Ich freue mich über die finanzielle Sicherheit, die mir in meinem Leben immer zur Verfügung steht.
- Ich erlaube mir, erfolgreich zu sein.

TAG 17

Süchte

Unser heutiges Thema ist »Suchtverhalten«, eine andere Art, um zu zeigen: »Ich bin nicht gut genug.« Durch unsere Süchte versuchen wir, vor uns selbst zu fliehen. Wir wollen nicht in Kontakt mit unseren Gefühlen sein. Irgendetwas, was wir glauben, woran wir uns erinnern, was wir sagen oder tun, ist einfach zu schmerzhaft, um sich damit auseinanderzusetzen. Also essen wir zu viel, betrinken uns, lassen uns auf zwanghaftes Sexualverhalten ein, nehmen Drogen, geben Unmengen an Geld aus, das wir nicht haben, und ziehen missbräuchliche Liebesbeziehungen an.

Für die meisten dieser Süchte gibt es Zwölf-Schritte-Programme, die bei Tausenden von Menschen gut funktionieren. Wenn Sie ein ernsthaftes

Suchtproblem haben, empfehle ich Ihnen, beispielsweise die Treffen der Anonymen Alkoholiker (AA) oder (als Angehöriger eines Alkoholkranken) der Al-Anon-Hilfsgruppen zu besuchen. Dort erhalten Sie die Hilfe, die Sie für diese wichtigen Veränderungen brauchen.

Es ist unmöglich, durch dieses Kapitel vergleichbare Ergebnisse bei Menschen mit Suchtverhalten zu erzielen. Ich glaube, wir müssen zunächst erkennen, dass es in uns selbst ein Bedürfnis nach diesen zwanghaften Verhaltensweisen gibt. Zunächst müssen wir dieses Bedürfnis loslassen, bevor wir unser Verhalten ändern können.

Um Süchte zu bewältigen, braucht es Selbstliebe, Selbstachtung, Vertrauen in den Prozess des Lebens und ein Gefühl der Sicherheit angesichts unserer mentalen Macht. Im Umgang mit süchtigen Menschen wurde mir deutlich, dass dic meisten von ihnen die eigene Person hassen. Sie sind sehr hart zu sich selbst. Jeden Tag bestrafen sie sich aufs Neue. Und warum? Weil sie irgendwann einmal (höchstwahrscheinlich in ihrer Kindheit) eingetrichtert bekamen, »schlecht« zu sein und Strafe zu verdienen.

Frühkindliche Erfahrungen mit körperlichem, emotionalem oder sexuellem Missbrauch tragen zu einem solchen Selbsthass bei. Offenheit, Vergebung, Selbstliebe und die Bereitschaft, die Wahrheit anzunehmen, können diese frühen Wunden heilen und Abhängigen eine echte Chance geben, ihr Verhalten zu verändern. Außerdem halte ich süchtige Menschen für sehr ängstlich. Sie haben große Angst davor, loszulassen und dem Prozess des Lebens zu vertrauen. Solange wir glauben, dass die Welt ein unsicherer Ort ist, an dem Menschen und Situationen nur darauf warten, uns zu erledigen, wird dieser Glaube unsere Realität sein.

Sind Sie bereit, sich von Gedanken und Glaubenssätzen zu lösen, die Sie in keiner Weise fördern und stärken? Wenn dies der Fall ist, dann können Sie diese Reise fortsetzen.

Übung: Lassen Sie Ihre Abhängigkeiten los

Veränderungen finden genau hier und jetzt statt – in Ihrem eigenen Kopf! Atmen Sie ein paarmal tief durch, schließen Sie die Augen und denken Sie an die Person, den Ort oder die Sache, nach der Sie süchtig sind. Denken Sie an den Wahnsinn, der hinter dieser Sucht steckt. Sie versuchen, ein inneres Problem zu lösen, indem Sie sich an etwas klammern, was sich außerhalb von Ihnen befindet. Der Schlüssel zur Lösung liegt im gegenwärtigen Moment, und Sie können noch heute damit beginnen, etwas zu ändern.

Seien Sie bereit, Ihr Bedürfnis dahinziehen zu lassen. Sagen Sie: »Ich bin bereit, das Bedürfnis nach … in meinem Leben loszulassen. Ich lasse es jetzt los und vertraue darauf, dass der Prozess des Lebens meine Bedürfnisse erfüllen wird.«

Sprechen Sie diese Affirmation jeden Morgen bei Ihrer täglichen Meditation und bei Ihren Gebeten. Sie haben einen weiteren Schritt in Richtung Freiheit getan.

Übung: Ihre heimliche Sucht

Schreiben Sie zehn Geheimnisse über Ihre Sucht auf, die Sie noch nie mit jemandem geteilt haben. Wenn Sie esssüchtig sind, haben Sie vielleicht schon einmal was aus einer Mülltonne gezogen. Wenn Sie alkoholabhängig sind, haben Sie vielleicht Alkohol in Ihrem Auto versteckt, damit Sie während der Fahrt trinken konnten. Wenn Sie spielsüchtig sind, haben Sie womöglich Ihre Familie in Gefahr gebracht und sich Geld geliehen, um Ihr Spielproblem zu finanzieren. Seien Sie vollkommen ehrlich und offen.

Wie fühlen Sie sich jetzt? Schauen Sie sich Ihr »schlimmstes« Geheimnis an. Visualisieren Sie sich selbst in dieser Phase Ihres Lebens und lieben Sie diese Person. Sagen Sie, wie sehr Sie sie lieben und ihr verzeihen. Schauen Sie in den Spiegel und sagen Sie: »Ich vergebe dir, und ich liebe dich so, wie du bist.« Beobachten Sie Ihren Atem.

Übung: »Fragen« Sie Ihre Familie

Lassen Sie uns für einen Moment in Ihre Kindheit zurückgehen. Vervollständigen Sie die folgenden Sätze. Schreiben Sie die Ergänzungen auf und denken Sie darüber nach.

- Meine Mutter hat mich immer …
- Was ich wirklich von ihr hören wollte, war …
- Was meine Mutter wirklich nicht wusste, war …
- Mein Vater sagte mir, ich solle nicht …
- Wenn mein Vater nur wüsste, dass …
- Ich wünschte, ich hätte meinem Vater sagen können …
- Mutter, ich vergebe dir für …
- Vater, ich vergebe dir für …

Affirmationen bei Suchtverhalten

Sprechen Sie die folgenden Affirmationen täglich, und zwar möglichst oft, zum Beispiel beim Autofahren, bei der Arbeit, beim Blick in den Spiegel oder immer dann, wenn Sie spüren, dass Ihre negativen Glaubenssätze auftauchen:

- Ich empfinde inneren Frieden.

- Ich bin allen Situationen gewachsen.
- Ich entspanne mich durch tiefes Atmen.
- Ich habe die Kraft, die Stärke und das Wissen, alles in meinem Leben zu bewältigen.
- Ich nähre mich mit meiner eigenen Liebe.
- Ich strahle Selbstakzeptanz aus und werde von anderen innig geliebt.
- Ich gebe das Bedürfnis auf, perfekt zu sein. Ich bin genug, so wie ich bin.
- Ich bin offen für die Weisheit in mir.
- Ich erkenne meine Verhaltensmuster und ändere sie ohne Scham und Schuldgefühle.
- Ich erkenne, dass Bewusstsein der erste Schritt zur Heilung oder Veränderung ist. Ich werde mir jeden Tag mehr bewusst.
- Ich entspanne mich im Fluss des Lebens und lasse zu, dass das Leben mir alles, was ich brauche, einfach und bequem zur Verfügung stellt.
- Ich bin bereit, neue Gedanken über mich und mein Leben zu entwickeln.
- Niemand kann mich schlecht behandeln. Ich liebe, schätze und respektiere mich selbst.
- Ich begegne mir selbst sanft und freundlich, während ich wachse und mich verändere.
- Keine Person, kein Ort und keine Sache hat Macht über mich. Ich bin frei.

TAG 18

Älter werden

Heute widmen wir uns einem Thema, über das viele nur ungern nachdenken – dem Thema »Altern«. Fakt ist: Egal wie viele Lenze wir zurzeit auch zählen, irgendwann gehören wir zu den Alten. Allerdings haben wir es selbst in der Hand, *wie* wir ergrauen.

Was lässt uns eigentlich altern? Dazu gehört beispielsweise die Vorstellung, dass wir als Betagte zwangsläufig erkranken und dass es uns schlecht gehen wird. Oder die Ablehnung unseres Körpers. Die Angst, dass uns die Zeit davonläuft. Wut und Hass. Unser Selbsthass. Verbitterung. Scham und Schuldgefühle. Furcht. Vorurteile. Selbstgerechtigkeit. Die Gewohnheit, Urteile zu fällen. Ebenso die Auffassung, dass wir Belastungen mit uns herumtragen müssen. Und der

Gedanke, dass wir von anderen abhängig werden. All diese Glaubenssätze machen uns alt.

Dabei besteht keinerlei Notwendigkeit, sich diese Überzeugungen zu eigen zu machen. Wir können diese Sichtweisen jederzeit ins genaue Gegenteil umkehren. Es muss nicht so weitergehen. Erobern wir endlich unsere Macht zurück!

Viel wichtiger als die ein, zwei Fältchen (oder auch mehr) im Gesicht ist es, sich gesund und energiegeladen zu fühlen. Doch wir sind der festen Meinung, ohne unser jugendliches Aussehen würden wir nicht mehr akzeptiert. Aber warum sollten wir an diesem Irrglauben festhalten? Wann haben wir eigentlich unsere Selbstliebe und das Mitgefühl für uns selbst und für andere über Bord geworfen? Stattdessen haben wir unseren alternden Körper zu einem Schreckgespenst aufgebaut. Immer wieder horchen wir in uns hinein, um herauszufinden, was nicht mit uns stimmt, und machen uns über jede Falte Gedanken. Doch das führt am Ende nur zu miesen Gefühlen und zu noch mehr Falten. Das ist keine Form der Selbstliebe, sondern Selbsthass, und der schwächt unser sowieso kaum vorhandenes Selbstwertgefühl weiter.

Die Menschen früherer Generationen wurden nicht sehr alt – die durchschnittliche Lebenserwartung lag zunächst nur etwa bei der Mitte der Teenagerjahre, dann in den Zwanzigern, später in den

Dreißigern und in den Vierzigern. Selbst um 1900 galt man mit fünfzig Jahren als alt. Die Lebenserwartung lag bei etwa 47 Jahren. Heute dagegen sind achtzig Lebensjahre für uns eine Selbstverständlichkeit. Warum vollziehen wir keinen Quantensprung in unserem Bewusstsein und erhöhen die Akzeptanzstufe auf 120 oder 150 Jahre?!

Ich halte das für durchaus möglich, und ich glaube, dass in ein oder zwei Generationen ein deutlich längeres Leben erreicht werden kann. Längst haben wir die Vorstellung hinter uns gelassen, mit 45 sei man im »mittleren Alter«. Aus meiner Sicht trifft das inzwischen auf 75-Jährige zu ... Seit Generationen lassen wir uns von unserem Lebensalter diktieren, wie wir uns fühlen und verhalten sollen. Doch wie bei jedem anderen Lebensbereich wird das, was wir mental akzeptieren und über das Alter glauben, unweigerlich auch eintreffen. Deshalb ist es höchste Zeit, unsere Glaubenssätze über das Altern zu ändern, damit wir auch in der letzten Phase unseres irdischen Daseins gesund und glücklich statt krank und gebrechlich sind. Viele haben bereits gelernt, dass sie ihr Leben umkrempeln können, wenn sie als Voraussetzung dafür ihr Denken neu ausrichten.

Ich bin mir sicher, dass wir unsere Überzeugungen über das Altern ändern und den Alterungsprozess zu einer positiven, lebendigen und gesunden Erfahrung gestalten können. Aber dazu müssen wir »exzellenten Alten« (»Elders of Excellence«) erst einmal unsere Opfermentalität aufgeben. Wir müssen uns unsere Macht vom Medizinbetrieb und von der Pharmaindustrie so weit wie möglich zurückerobern. Es ist an der Zeit, dass wir alle (insbesondere die Älteren) die Verantwortung für unsere Gesundheit wieder selbst in die Hand nehmen. Dazu müssen wir vor allem die Wechselwirkung zwischen Körper und Geist verstehen lernen. Denn das, was wir tun, sagen und denken, macht entweder krank oder hält uns gesund und vital.

Übung: Ihre Glaubenssätze über das Altern verändern

Beantworten Sie die folgenden Fragen wieder so ehrlich wie möglich:

- Wie würden Sie den Alterungsprozess Ihrer Eltern beschreiben?
- Wie alt fühlen Sie sich?
- Was tun Sie für unsere Gesellschaft/unser Land/den Planeten?
- Wie bringen Sie Liebe in Ihr Leben?
- Welches sind Ihre positiven Vorbilder?

- Was erzählen Sie Ihren Kindern über das Älterwerden?
- Was tun Sie aktuell, um sich auf gesunde, glückliche und vitale ältere Jahre vorzubereiten?
- Wie stehen Sie heute zu älteren Menschen, und wie verhalten Sie sich ihnen gegenüber?
- Wie stellen Sie sich Ihr späteres Leben mit 60, 75 oder 85 Jahren vor?
- Wie möchten Sie behandelt werden, wenn Sie älter sind?
- Wie wünschen Sie sich Ihren Tod?

Verändern Sie nun im Geiste jede negative Antwort in eine positive Affirmation. Stellen Sie sich Ihr Alter als Ihre kostbarsten Jahre vor.

Am Ende des Regenbogens wartet ein Topf mit Gold. Wir wissen, dass wir dort Schätze vorfinden. Die späteren Jahre unseres Lebens sollen die der größten Schätze sein. Wir müssen lernen, wie wir diese Jahre zur besten Phase unseres Lebens machen können. Diese Geheimnisse erfahren wir erst später, und wir sollten sie mit den nach uns kommenden Generationen teilen. Ich weiß, dass das, was ich »Youthening« (»Verjüngung«) nenne, machbar ist; wir müssen nur herausfinden, wie das geht.

Im Folgenden finden Sie einige der Geheimnisse des Youthening, die mir wichtig sind:

- Streichen Sie das Wort »alt« aus Ihrem Wortschatz und sagen Sie statt »altern« lieber »länger leben«.
- Seien Sie offen für neue Ideen.
- Vollziehen Sie einen Quantensprung in Ihrem Denken.
- Verändern Sie Ihre Glaubenssätze.
- Widersetzen Sie sich Manipulationen.
- Verändern Sie alles, was als »normal« gilt.
- Verwandeln Sie körperliches Unwohlsein in vitale Gesundheit.
- Sorgen Sie gut für Ihren Körper.
- Lassen Sie einschränkende Glaubenssätze los.
- Richten Sie Ihre Denkweise (Ihr »Mindset«) neu aus.
- Lassen Sie Neues zu.
- Akzeptieren Sie die Wahrheit über sich.
- Wirken Sie selbstlos an unserer Gemeinschaft mit.

Schaffen wir ein bewusstes Idealbild unserer späteren Lebensjahre als erfüllteste Phase unseres Lebens. Dazu stellen wir uns unsere Zukunft immer rosig vor, egal wie alt wir sind, und das schaffen wir, indem wir unsere Gedanken neu ausrichten. Lassen Sie die schrecklichen Bilder vom Alter hinter sich. Es ist Zeit für einen Quantensprung in unserem Denken! Deshalb vergessen wir das Wort »alt« und entwickeln ein Land, in dem die Menschen, die sehr lange leben, immer noch jung sind – und in dem die Lebenserwartung nicht begrenzt wird. Wir wollen, dass unsere späteren Jahre zu unseren wertvollsten werden.

Affirmationen für das Älterwerden

Sprechen Sie die folgenden Affirmationen täglich, und zwar möglichst oft, zum Beispiel beim Autofahren, bei der Arbeit, beim Blick in den Spiegel oder immer dann, wenn Sie spüren, dass Ihre negativen Glaubenssätze auftauchen:

- Ich lasse alle mit dem Alter verbundenen Ängste los.
- Ich bin schön in Geist und Körper.
- Ich bin selbstständig und stark.
- Es ist mein Geburtsrecht, vollständig und frei zu leben.
- Ich liebe und werde von jedem in meiner Welt geliebt.
- Ich habe eine hervorragende Gesundheit, egal wie alt ich bin.
- Durch meine lebensfrohen Gedanken kreiere ich meine fröhliche Welt.

- Jeder Moment im Leben ist perfekt.
- Die Menschen schätzen mich, egal wie alt ich bin.
- Ich stehe über allen Einschränkungen. Ich bin göttlich geführt und inspiriert.
- Ich bin mein ganzes Leben lang von wunderbaren Menschen umgeben.
- Ich bin in jedem Alter schön und kraftvoll.
- Mein Leben wird ständig besser.
- Ich strahle Gesundheit, Glück, Wohlstand und Seelenfrieden aus.
- Ich habe immer genau das richtige Alter für den jeweiligen Lebensabschnitt.

TAG 19

Stressfreies Leben

Heute wollen wir herausfinden, wie Sie Ihren Alltag so stressfrei wie möglich gestalten können.

Sie genießen Ihr Leben in diesem Moment oder eben nicht. Ihre Gedanken bestimmen, wie Sie sich in Ihrem Körper fühlen, und sie beeinflussen auch Ihre Erfahrungen von morgen. Wenn Sie jede Kleinigkeit stresst und Sie aus einer Mücke einen Elefanten machen, werden Sie nie inneren Frieden finden. Wir reden heutzutage viel über Stress. Jeder scheint wegen irgendetwas »gestresst« zu sein. Stress ist zu einem geflügelten Wort geworden, und wir verwenden es so oft, dass ich es für eine Ausrede halte: »Ich bin so gestresst«, »Das ist stressig« oder »Dieser ganze Stress, Stress, Stress« …

Ich halte Stress für eine Angstreaktion auf die

ständigen Veränderungen im Leben. Wir nutzen ihn als Vorwand, um keine Verantwortung für unsere Gefühle übernehmen zu müssen. Wir fühlen uns in der Opferrolle zwar nicht wohl, und sie ändert nichts an der Situation. Es ist aber wohl einfacher, jemand oder etwas anderem die Schuld zu geben, um selbst als »Unschuldslamm« dazustehen.

Oft machen wir uns selbst Stress, weil wir unsere Prioritäten nicht richtig gesetzt haben. Sehr viele Menschen halten Geld für das Wichtigste im Leben. Aber es gibt etwas, was viel wichtiger und wertvoller für uns ist – und ohne das wir nicht leben könnten. Was ist das? Es ist unser Atem.

Der Atem ist das Kostbarste, was wir haben, und doch sehen wir es als selbstverständlich an, dass wir nach dem Ausatmen den nächsten Atemzug nehmen können. Sonst würden wir keine drei Minuten überleben. Wenn die Macht, die uns erschuf, uns genug Sauerstoff für unser ganzes Leben zur Verfügung stellt, können wir dann nicht darauf vertrauen, dass auch alles andere, was wir brauchen, vorhanden sein wird?

Im Vertrauen darauf, dass das Leben all unsere kleinen Probleme regelt, schmilzt der Stress einfach dahin.

Für negatives Denken oder negative Gefühle haben Sie keine Zeit, denn das erzeugt nur noch mehr von dem, was Sie *nicht* haben wollen. Wenn Sie trotz Ihrer positiven Affirmationen nicht die gewünschten Ergebnisse erzielen, dann sollten Sie mal prüfen, wie oft am Tag Sie sich erlauben, sich schlecht zu fühlen oder sich aufzuregen. Diese Gefühle sind wahrscheinlich die Ursache dafür, dass Sie frustriert sind, die Manifestation Ihrer Affirmationen aufhalten und den Fluss des Guten blockieren.

Wenn Sie sich das nächste Mal gestresst fühlen, dann fragen Sie sich, wovor Sie Angst haben. Stress ist nur Angst, so einfach ist das. Sie brauchen keine Angst vor dem Leben oder Ihren Gefühlen zu haben. Finden Sie heraus, womit Sie sich selbst belasten, wodurch diese Angst entsteht. Ihr inneres Ziel lautet Freude, Harmonie und Frieden. Harmonie bedeutet, mit sich selbst im Reinen zu sein. Stress und innere Harmonie sind nicht gleichzeitig möglich. Wenn Sie in Frieden sind, erledigen Sie eine Sache nach der anderen. Sie lassen die Dinge nicht an sich heran.

Wenn Sie sich also gestresst fühlen, dann tun Sie etwas, um die Angst loszulassen: Atmen Sie tief durch oder machen Sie einen zügigen Spaziergang.

Affirmieren Sie: »Ich bin die einzige Macht in meiner Welt, und ich kreiere ein friedliches, liebevolles, freudiges und erfülltes Leben.«

Sie brauchen das Gefühl, in Sicherheit durchs Leben zu gehen. Geben Sie einem kleinen Wort wie

»Stress« nicht so viel Macht. Nutzen Sie ihn nicht als Vorwand, wenn Sie selbst Anspannungen in Ihrem Körper verursachen. Nichts – keine Person, kein Ort und keine Sache – hat Macht über Sie. Sie allein denken, und es sind Ihre Gedanken, mit denen Sie Ihr Leben gestalten.

Also üben Sie sich darin, Gedanken zu hegen, die Ihnen ein gutes Gefühl bereiten. So gestalten Sie Ihr Leben immer aus Freude und voller Freude. Freude erzeugt immer wieder neue Glücksgefühle.

Affirmationen für ein stressfreies Leben

Sprechen Sie die folgenden Affirmationen täglich, und zwar möglichst oft, zum Beispiel beim Autofahren, bei der Arbeit, beim Blick in den Spiegel oder immer dann, wenn Sie spüren, dass Ihre negativen Glaubenssätze auftauchen:

- Ich lasse alle Ängste und Zweifel los, und das Leben wird einfach und leicht für mich.
- Ich schaffe eine stressfreie Welt für mich.
- Ich entspanne meine Nackenmuskulatur und lasse alle Verspannungen in meinen Schultern los.

- Ich atme langsam ein und aus und merke, wie ich mich mit jedem Atemzug mehr und mehr entspanne.
- Ich bin ein handlungsfähiger Mensch und kann alles bewältigen, was auf mich zukommt.
- Ich bin zentriert und fokussiert. Ich fühle mich jeden Tag sicherer.
- Ich bin geistig und emotional ausgeglichen.
- Ich bin mit mir selbst im Reinen, und ich bin mit anderen Menschen im Reinen.
- Ich fühle mich sicher, wenn ich meine Gefühle zum Ausdruck bringe. Ich kann in jeder Situation gelassen sein.
- Ich habe eine wunderbare Beziehung zu meinen Freunden, Familienmitgliedern und Arbeitskollegen. Ich werde geschätzt.
- Ich habe ein gutes Verhältnis zu meinen Finanzen. Ich kann stets meine Rechnungen pünktlich bezahlen.
- Ich traue mir selbst zu, mit allen Problemen umzugehen, die im Laufe des Tages auftreten.
- Ich lasse alle Negativität in meinem Körper und in meinen Gedanken los.
- Ich bin dabei, in allen Bereichen meines Lebens positive Veränderungen vorzunehmen.
- Ich habe die Kraft, bei Veränderungen Ruhe zu bewahren.

TAG 20

Mit Affirmationen arbeiten

Wie bei jeder anderen neuen Aktivität, die Sie beginnen, braucht es etwas Übung, um Affirmationen zu einem festen Bestandteil Ihres Lebens zu machen. Egal ob Sie lernen, Auto zu fahren, zu tippen, Tennis zu spielen oder positiv zu denken – wir lernen immer auf die gleiche Weise. Anfangs tun wir uns schwer, während unser Unterbewusstsein durch Ausprobieren lernt, doch durch regelmäßiges Üben fällt es uns immer leichter, und wir steigern uns von Mal zu Mal. Natürlich können Sie nicht gleich am ersten Tag »perfekt« sein. Tun Sie einfach, was Ihnen möglich ist. Das reicht für den Anfang schon aus.

Sagen Sie sich oft: »Ich tue das Beste, was mir möglich ist.«

Ich erinnere mich noch gut an meinen ersten

Vortrag. Als ich vom Podium kam, sagte ich mir sofort: »Louise, du warst wunderbar. Für das erste Mal absolut großartig. Nach fünf oder sechs solchen Vorträgen machst du das wie ein Profi.«

Ein paar Stunden später sagte ich mir: »Ich glaube, man könnte ein paar Details verbessern. Ich sollte dies und jenes ändern.« Doch ich wollte mich auf keinen Fall selbst kritisieren.

Wäre ich vom Podium gestiegen und hätte mir vorgeworfen: »Oh, du warst einfach furchtbar; du hast diesen und jenen Fehler gemacht«, dann hätte ich vor dem zweiten Vortrag Angst gehabt. So aber war der zweite besser als der erste, und beim sechsten Vortrag fühlte ich mich tatsächlich wie ein Profi.

Übung: Tägliche Affirmationen

Wählen Sie ein oder zwei Affirmationen aus und schreiben Sie diese jeden Tag zehn- oder zwanzigmal auf. Lesen Sie sie mit Begeisterung laut vor. Machen Sie aus Ihren Affirmationen ein kleines Lied und singen Sie es mit Begeisterung. Denken Sie den ganzen Tag an diese Affirmationen. Affirmationen, die Sie konsequent anwenden, werden zu Glaubenssätzen und bringen immer Ergebnisse, manchmal auf eine Weise, die wir uns gar nicht hatten vorstellen können.

Übung: Neues wagen

Visualisieren Sie oder stellen Sie sich vor, dass Sie das haben, tun oder sein werden, worauf Sie hinarbeiten. Fügen Sie alle notwendigen Details hinzu. Fühlen, sehen, schmecken, berühren, hören Sie sie. Achten Sie auf die Reaktionen anderer Menschen auf Ihre neue Ausrichtung. Sorgen Sie dafür, dass es Ihnen gut geht, egal was die anderen auch sagen mögen.

Übung: Informieren Sie sich

Lesen Sie möglichst viel, um Ihr Bewusstsein und Ihre Kenntnisse über das menschliche Gehirn zu erweitern. Es gibt viel zu lernen für Sie. Dieses Buch ist nur ein Schritt auf Ihrem Weg! Studieren Sie andere Sichtweisen. Hören Sie sich die Meinungen anderer Leute an. Üben Sie eine Zeit lang in einer Gruppe, bis Sie das Gefühl bekommen, sich weiterentwickelt zu haben.

Wir können unser ganzes Leben lang lernen. Je mehr Sie lernen, je mehr Sie wissen, je mehr Sie üben und anwenden, desto besser geht es Ihnen und desto schöner wird Ihr Leben sein. Bei dieser Arbeit fühlen Sie sich gut!

Lieben Sie, wer und was Sie sind und tun. Lachen Sie über sich selbst und über das Leben, und nichts kann Ihnen etwas anhaben. Es ist ohnehin alles nur vorübergehend. Im nächsten Leben werden Sie es sowieso anders machen, warum also nicht gleich jetzt damit beginnen?

Danken Sie abends vor dem Schlafengehen für all das Gute in Ihrem Leben. Das wird noch mehr Gutes anziehen.

Bitte verzichten Sie darauf, abends als Letztes die Nachrichten zu hören oder im Fernsehen zu verfolgen. In den Nachrichten wird nur über Katastrophen berichtet, und die wollen Sie bestimmt nicht in Ihre Träume mitnehmen. Im Traum wird sehr viel geklärt, und Sie können Ihre Träume um Hilfe für all die Themen bitten, die Sie beschäftigen. Oft erhalten Sie bereits am nächsten Morgen eine Lösung.

Legen Sie sich in aller Ruhe schlafen. Vertrauen Sie darauf, dass der Prozess des Lebens Sie unterstützt und alles zu Ihrem höchsten Wohl und zu Ihrer größten Freude regelt.

Es gibt keinen Grund, aus Ihrer Arbeit eine lästige Plackerei zu machen. Sie können Spaß dabei haben. Arbeit kann ein Spiel sein. Die reinste Freude! Sie entscheiden! Sogar zu vergeben und Groll loszulassen, kann Freude bereiten, wenn Sie es wollen. Denken Sie sich ein kleines Lied über die Person oder die Situation aus, die Sie nur schwer loslassen können. Ein Liedchen hellt die ganze Angelegenheit auf. Bei meiner privaten Arbeit mit Kunden wird viel gelacht. Je schneller wir uns über unsere Probleme amüsieren können, desto leichter können wir sie loslassen.

Könnten Sie Ihre Probleme in einer Komödie auf der Theaterbühne sehen, würde es Sie vor Lachen aus dem Sessel reißen. Zwischen Tragödie und Komödie gibt es keinen Unterschied. Es kommt nur auf Ihren Blickwinkel an. »Herr, was für Narren sind diese Sterblichen!«, heißt es bei Shakespeare.

Machen Sie aus Ihrer Veränderung das größte Vergnügen und die höchste Freude! Genießen Sie es!

TAG 21

Ihr weiterer Weg

Wie oft haben Sie schon über irgendwas geklagt, was Sie partout nicht haben wollten? Und – hat das jemals zu dem geführt, was Sie sich wirklich gewünscht hatten? Der Kampf gegen das Negative ist reine Zeitverschwendung, wenn Sie wirklich etwas in Ihrem Leben verändern wollen. Je mehr Sie sich mit dem beschäftigen, was Sie nicht wollen, desto mehr davon schaffen Sie sich selbst.

»Ich will nicht dick sein«, »Ich will nicht bankrottgehen«, »Ich will nicht alt sein«, »Ich möchte nicht hier leben«, »Ich will diese Beziehung nicht«, »Ich will nicht wie meine Mutter/mein Vater sein«, »Ich will nicht in diesem Job festsitzen«, »Ich möchte nicht diese Haare/diese Nase/diesen Körper haben«, »Ich will nicht einsam sein«, »Ich will nicht unglücklich sein«, »Ich möchte nicht krank sein«: Solche Selbstkritik ist nichts anderes als das Festhalten des Verstandes an alten Glaubenssätzen. Hier zeigt sich unsere kulturelle Prägung, wie wir mental das Negative bekämpfen wollen – im Glauben, dass dann automatisch etwas Positives auf uns zukommen würde. So funktioniert das aber nicht.

In der Zeit, in der ich mich selbst stark ablehnte, habe ich mir ab und zu selbst eine geknallt. Ich hatte keinerlei Ahnung, was Selbstakzeptanz bedeutet. Denn ich hielt meine eigenen Defizite und Begrenzungen für stärker als alles, was andere zu mir sagten. Meinte zum Beispiel jemand, ich werde geliebt, war meine erste Reaktion: »Warum? Was findet die nur an mir?« Oder der Klassiker: »Wenn der wüsste, wie ich wirklich bin, würde er mich nicht lieben.«

Mir war damals nicht klar, dass alles Gute damit beginnt, das zu akzeptieren, was man in sich trägt, und sich selbst zu lieben. Es dauerte eine ganze Weile, bis ich eine freundliche, liebevolle Beziehung zu mir selbst entwickelte.

Anfangs versuchte ich, etwas an mir zu finden, was ich für »gute Eigenschaften« hielt. Schon das half, und mein Gesundheitszustand verbesserte sich allmählich. Denn sich selbst zu lieben, ist die Voraussetzung für eine gute Gesundheit. Das gilt auch für Wohlstand, Liebe und Kreativität. Später lernte ich, mich selbst zu lieben und zu akzeptieren, auch die Eigenschaften, die ich für »nicht gut genug« hielt. Ab diesem Zeitpunkt machte ich wirklich Fortschritte.

Stellen Sie sich eine Tomatenstaude vor. Eine gesunde Pflanze kann über hundert Tomaten hervorbringen. Dafür müssen wir aber erst einmal das Saatgut in die Erde bringen. Der getrocknete Samen hat überhaupt keine Ähnlichkeit mit der Pflanze, die sich daraus entwickelt. Wenn Sie es nicht besser wüssten, würden Sie vielleicht nicht glauben, dass daraus eine Tomatenpflanze entstehen wird. Nehmen wir an, Sie säen diesen Samen in fruchtbare Erde, gießen und pflegen die Anzucht und stellen den Topf mit dem Samen ins Sonnenlicht.

Wenn sich das erste Grün zeigt, trampeln Sie nicht darauf herum nach dem Motto »Das ist doch keine Tomatenpflanze«. Nein, Sie freuen sich und rufen: »Oh, sieh nur, der erste Keim ist da!« Und dann sehen Sie der Pflanze beim Wachsen zu. Sie setzen sie ins Freie, entfernen Schädlinge, jäten, gießen und versorgen sie und können bald die ersten Tomaten ernten. Und alles begann mit einem winzigen Samenkorn.

So ist es auch mit Ihren neuen Erfahrungen: Der Boden, der Sie nährt, ist Ihr Unterbewusstsein. Ihre neue Affirmation ist das Samenkorn, das Sie hineinlegen. Ihre gesamte neue Erfahrung steckt in diesem winzigen Samen. Sie gießen ihn mit weiteren

Affirmationen. Sie stellen den Topf in den Sonnenschein Ihrer positiven Gedanken. Sie jäten Unkraut, indem Sie auftauchende negative Gedanken herausziehen. Und wenn Sie zum ersten Mal einen winzigen Beweis Ihrer Veränderung entdecken, dann trampeln Sie nicht darauf herum und schreien: »Das reicht aber noch nicht!«, sondern sehen sich Ihren Durchbruch an und jubeln Sie: »Oh, sieh nur, jetzt geht es los! Es klappt!«

Die Arbeit mit Affirmationen führt uns möglicherweise auch zu einem ganzheitlicheren Denken, das den Menschen als ein Wesen betrachtet, dessen Elemente – Körper, Geist und Seele – eine Einheit bilden, die in wechselseitiger Beziehung zueinander stehen. Wird einer dieser Bereiche vernachlässigt, sind wir unvollständig. Es spielt keine Rolle, an welcher Stelle wir mit unserer Arbeit beginnen, wichtig ist nur, dass auch die anderen Bereiche miteinbezogen werden.

Wenn wir mit dem Körper beginnen, sollten wir unsere Ernährung unter die Lupe nehmen, denn es besteht ein Zusammenhang zwischen dem, was wir essen und trinken, und unserem körperlichen Befinden. Schließlich wollen wir das Beste für unseren Organismus tun. Nehmen Sie Kräuter und Vitamine zu sich, nutzen Sie die Homöopathie und Bachblüten. Auch Darmspülungen könnten gut für Sie sein.

Finden Sie heraus, welche Bewegungsform Ihnen guttut. Bewegung stärkt unseren Körper und hält uns jung. Neben Gymnastik und Schwimmen sind auch Tanzen, Tai Chi, Kampfsport und Yoga vorteilhaft. Ich liebe mein Trampolin und benutze es täglich. Durch mein Slant Board (Schrägbrett) finde ich körperliche Entspannung.

Vielleicht haben Sie Lust, verschiedene Techniken der Körperarbeit auszuprobieren, zum Beispiel Rolfing, die Trager-Methode oder Hellerwork. Ebenso hilfreich sind Massagen, Fußreflexzonenmassage, Akupunktur oder Chiropraktik, außerdem die Alexander-Technik, die Bioenergetische Analyse, die Feldenkrais-Methode, Kinesiologie und Reiki.

Für Geist und Seele empfehle ich folgende Therapieformen: Gestalttherapie, Hypnose, Rebirthing, Psychodrama, Rückführungen in frühere Leben, Kunsttherapie und sogar Traumarbeit.

Meditation in jeder Form eignet sich wunderbar, um den Verstand zu beruhigen und Ihr inneres Wissen zu entdecken. Ich meditiere meist mit geschlossenen Augen und stelle mir dabei die Frage: »Was muss ich wissen?« Dann warte ich in aller Ruhe auf eine Antwort. Kommt sie, ist es gut; kommt nichts, ist das auch okay. Dann folgt sie eben an einem anderen Tag.

In der spirituellen Praxis verwenden wir das Gebet,

Meditation und die Verbindung mit dem höheren Ich. Für mich gehören auch Vergebung und bedingungslose Liebe dazu. Neben den christlichen Kirchen gibt es verschiedene überkonfessionelle spirituell-philosophische Gemeinschaften, darunter die Neugeist-Bewegung und die Unity-Akademie für angewandtes Christentum e.V.

Lassen Sie uns nun die Möglichkeiten wiederholen, wie Sie Ihr neu erworbenes Wissen festigen und weiter voranschreiten können. Folgende Techniken schlage ich Ihnen vor:

- Affirmationen schreiben.
- Affirmationen laut sprechen.
- Affirmationen singen.
- Dankbarkeit ausdrücken.
- Sich Zeit für Entspannungsübungen nehmen.
- Meditieren oder beten.
- Spaß an der Bewegung haben.
- Sich gesund ernähren.
- Visualisieren und die geistige Vorstellungskraft pflegen.
- Lesen und vertiefen.

Die regelmäßige Anwendung möglichst vieler dieser Methoden führt bald zum Erfolg. Achten Sie auf die kleinen Wunder in Ihrem Leben! Alles, was Sie loslassen wollen, verschwindet wie von selbst. Ihre Wünsche erfüllen sich wie von Zauberhand. Sie werden mehr Gutes erhalten, als Sie sich je vorgestellt haben.

Nachwort

Wir haben in diesem Buch die Verwendung von Affirmationen in den unterschiedlichsten Lebensbereichen erforscht und Möglichkeiten, wie Sie auf vielfältige Weise positive Affirmationen kreieren und für sich nutzen können.

Dieses Buch führt Sie auf den positiven Weg zu einem wunderbaren Leben. Doch natürlich müssen Sie dafür auch in die Tat umsetzen, was Sie hier gelesen haben. Worte allein genügen nicht, um die Qualität Ihres Lebens zu steigern.

Machen Sie Affirmationen zu einem Bestandteil Ihres Lebens. Hängen Sie an mehreren Stellen in Ihrer Wohnung verschiedene davon auf. Vielleicht haben Sie eine, die sich auf Ihre Arbeit bezieht und die Sie im Büro aufbewahren. Wenn Sie nicht möchten, dass andere sie lesen, dann legen Sie sie in Ihre Schreibtischschublade.

Eine Affirmation für sicheres und friedliches Autofahren könnte an Ihrem Armaturenbrett angebracht sein. (Achtung: Wenn Sie ständig wegen anderer Autofahrer fluchen, werden sich alle schlechten Fahrer automatisch zu Ihnen hingezogen fühlen und Ihre Affirmation erfüllen.)

So wie Fluchen sind ständige Sorgen oder Hassgefühle Affirmationen. Und Sie ziehen genau das an, was Sie affirmieren. Auch Liebe, Wertschätzung, Dankbarkeit und Komplimente sind Affirmationen und ziehen ebenfalls das an, was Sie affirmieren.

Es spielt keine Rolle, welchen Lebensbereich Sie als Erstes verändern wollen. So wie beim Hausputz können Sie einfach irgendwo beginnen. Nehmen Sie sich für den Anfang etwas Einfaches vor, denn so erzielen Sie schnell Ergebnisse und entwickeln Selbstvertrauen, um danach größere Probleme in Angriff zu nehmen.

Sobald Sie Ihre Affirmationen gesprochen haben, lassen Sie sie los. Sie haben eine Entscheidung getroffen, was Sie haben wollen, und diesen Wunsch durch Ihre Gedanken und Worte affirmiert. Jetzt überlassen Sie Ihre Affirmationen dem Universum, damit die Gesetze des Lebens sie erfüllen können.

Zerbrechen Sie sich nicht den Kopf darüber, *wie*

sich Ihre Affirmationen erfüllen werden, das verzögert nur den gesamten Prozess. Es liegt außerhalb unseres Wirkungsbereichs, wie sich unsere Affirmationen erfüllen sollen. Nach dem Gesetz der Anziehung erklären wir, was wir uns wünschen, und das Universum liefert es. Es ist viel klüger als wir und kennt jeden möglichen Weg, um unsere Affirmationen wahr werden zu lassen. Sollte sich die Wunscherfüllung verzögern oder scheinbar nicht stattfinden, liegt das einzig und allein an unseren Selbstzweifeln, ob sie die Erfüllung auch wirklich verdienen. Oder unsere Glaubenssätze sind stärker als unsere Affirmationen.

Denken Sie daran …

Ganz gleich, wie wunderbar der gegenwärtige Moment auch sein mag, die Zukunft kann noch erfüllender und freudvoller sein. Das Universum wartet immer in lächelnder Ruhe darauf, dass wir unser Denken mit seinen Gesetzen in Einklang bringen. Erst wenn wir mit ihm übereinstimmen, fließt alles.

Es *ist* möglich. Wenn ich es kann, können Sie es auch. Wir alle können es. Tun Sie es – und Sie werden begeistert sein. Ihr ganzes Leben wird sich zum Besseren wandeln, und Sie werden glücklich über diese positiven Veränderungen sein!

Damit beginnt Ihr neues Ich!

Über die Autorin

Louise Hay war eine inspirierende Lehrerin, die seit der Veröffentlichung ihres Bestsellers *You Can Heal Your Life* aus dem Jahr 1984 (dt. *Gesundheit für Körper und Seele*), von dem weltweit mehr als fünfzig Millionen Exemplare gedruckt wurden, Millionen von Menschen erreicht hat. Louise Hay steht als anerkannte Autorität für die Kraft von Affirmationen, mit deren Hilfe positive Veränderungen herbeigeführt werden können. Sie verfasste über dreißig Bücher für Erwachsene und Kinder, darunter die Bestseller *The Power Is Within You* (dt. *Wahre Kraft kommt von Innen*) und *Heal Your Body* (dt. *Heile deinen Körper*). Neben ihren Publikationen veröffentlichte sie zahlreiche Audio- und Videoprogramme, Kartendecks, Online-Kurse und andere Angebote für ein gesundes, freudvolles und erfülltes Leben.

www.louisehay.com
www.healyourlife.com
www.facebook.com/louiselhay